1995년 1월 17일 한신 · 아와지 대지진 발생
진도 7(진원: 아와지시마 부근)
희생자 6,434명(관련사 포함).
이들 희생자 한 명 한 명이 어떻게 숨졌는지는
지금까지 알려진 적이 없다.
그런데 지진 직후 만들어진 기록이 존재했다.

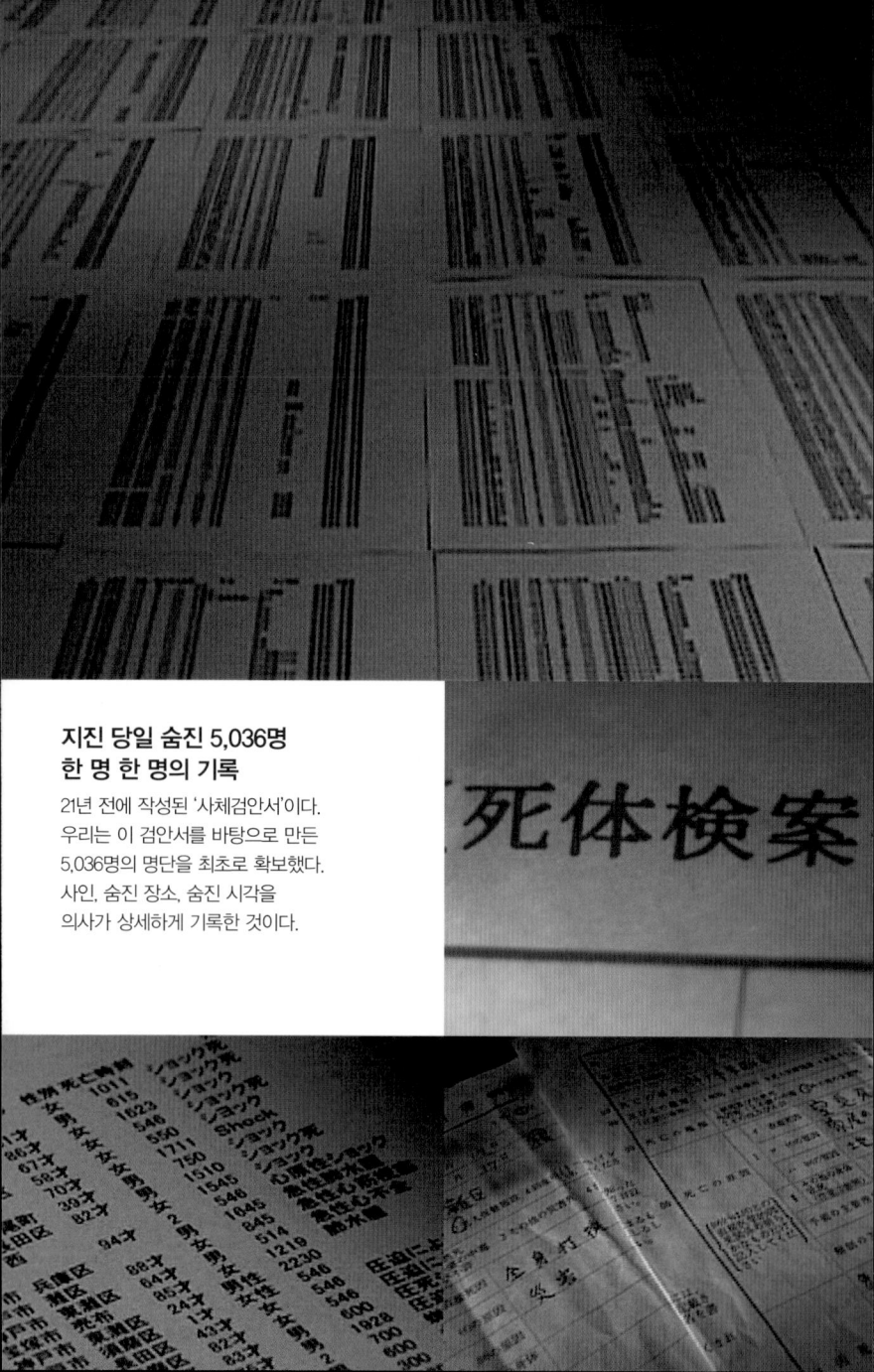

지진 당일 숨진 5,036명
한 명 한 명의 기록

21년 전에 작성된 '사체검안서'이다.
우리는 이 검안서를 바탕으로 만든
5,036명의 명단을 최초로 확보했다.
사인, 숨진 장소, 숨진 시각을
의사가 상세하게 기록한 것이다.

1층 도로 데이터와 구조대의 움직임

2층 지진 당일 발생한 205건의 화재 기록

3층 5,036명의 검안서 기록

4층 44만 채의 건물 피해 기록

5층 지진 당일 피해 지역의 항공사진

6층 지진파 기록

최신기술로 방대한 데이터를 종합해 그날의 피해 지역 재현

데이터 비주얼라이제이션

**검안서의 사망 시각을 바탕으로
시간 경과에 따른 분석 가능해져**

구할 수 있었던 목숨
어떻게 목숨을 잃었는가

이번에 우리는 명단의 '사망 시각'을 데이터 비주
얼라이제이션이라 부르는
최신 기술을 이용해 시각화했다.
그 결과 시간 경과에 따라 대책을 세웠더라면 구
조 가능한 목숨이 있었다는 사실이 드러났다.

이 시간대에 숨진 사람의 61%
2,116명 사인의 실체

가장 많았던 것은 의외의 사인이었다.
2,116명은 지진이 나고 얼마 동안
살아 있었을 가능성이 있다.

지진 발생 직후

당일 숨진 사람의 76%
3,842명이 사망

지진이 발생한 오전 5시 46분부터 1시간
이 시간대에 숨진 사람은 3,842명.

오전 5시 45분

1995/01/17 `05:45`
아직 많은 사람이 자고 있던 시간이다.
(파란색은 생존 / 빨간색은 사망을 나타낸다)

오전 5시 46분

지진 발생.

1995/01/17
`06:46`

오전 6시 46분

진도 7을 기록해 가옥 전파 비율이
높았던 곳에 희생자가 몰렸다.

오전 10시 00분
나가타구 다이쇼스지 상점가에서 화재 발생.

지진 발생 1시간 뒤

뒤늦은 화재 발생
85명의 목숨을 앗아간 수수께끼의
화재 '뒤늦은 화재'의 정체

이 시간 900명 이상이 구조를 기다리는 가운데
92건의 '뒤늦은 화재'가 발생.
85명이 숨졌다.
화재의 원인은 무엇이었을까?

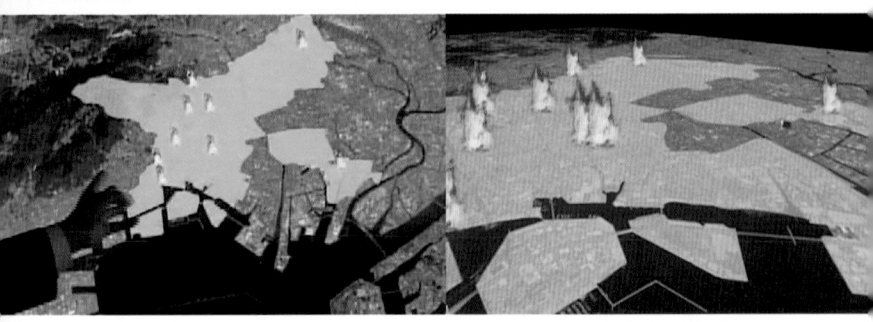

통전이 없었던 곳에서는…
화재는 거의 일어나지 않았다.

통전과 화재는 관계가 있을까
통전이 재개된 곳(노란색)에 몰려 화재가 발생.

생존자 477명, 닿지 않는 구조의 손길

구조대를 가로막은
국도 2호선의 극심한 정체

5시간 뒤 여전히 500명 가까운 사람이 구조를 기다리고 있었다.
전국에서 많은 구조대가 고베로 달려갔다.
미에현의 한 소방대는 구조를 위해 히가시나다구로 향했다.

정체의 시작

국토지리원이 당일 오후 3시쯤
촬영한 항공사진이다.
오사카에서 고베로 향하는 국도 2호선은 극심한 정체.
도대체 정체가 시작되는 지점에서 무슨 일이 있었을까.

오후 3시 00분 히가시나다구 주변

국도 2호선이 정체된 사이
약 150명이 구조를 기다리고 있었다.

오후 8시 00분 히가시나다구 주변

그러나 미에에서 소방대가 도착하기 전에
대부분의 사람이 숨졌다.

21년 간 묻혀 있었던 5,036명 죽음의 진실

목숨을 지키기 위한 메시지

잃어버린 많은 목숨.
그들이 우리에게 남겨준 것은 목숨을 지키기 위한 메시지였다.
취재를 하는 동안 수도권 직하지진 등 이후 일어날 대지진의 대책을 생각했다.
지금 할 수 있는 것은 무엇일까.
묻혀 있던 기록에서 그 해답을 찾아본다.

SHINDO 7 NANIGA SEISHI WO WAKETANOKA

by NHK Special Shuzaihan

Copyright ⓒ NHK 2016

All rights reserved.

Original Japanese edition published by Bestsellers Co., Ltd.

This Korean language edition published by arrangement with Bestsellers,
Co., Ltd., Tokyo in care of Tuttle—Mori Agency, Inc., Tokyo through
Imprima Korea Agency, Seoul.

진도 7

무엇이 생사를 갈랐나?

NHK 특별취재팀 지음

김범수 옮김

황소자리

차례

5,036명의 죽음

– 거기에는 구할 수 있는 목숨이 있었다

21년 전, 고베에서 받은 충격

사람에게 가장 소중한 것은 무엇일까? 그것은 자신의 목숨이고, 가족의 생명이고, 사랑하는 사람의 목숨이라고 나는 생각한다. 2016년 4월 구마모토熊本에서 진도 7의 지진이 일어났다. 관련해서 숨진 사람까지 포함하면 100명 넘는 사람의 목숨을 앗아갔다. 지진으로 희생자가 나올 때마다 가슴이 아프다. 희생을 줄일 수 없었던 걸까? 구조 가능한 목숨이 있었던 것은 아닐까? 그렇게 생각하는 이유는 내가 취재 활동을 시작하고 얼마 되지 않았을 시절에 맞닥뜨린 한신·아와지阪神·淡路 대지진의 경험 때문이다.

사상 처음인 '진도 7'. 그것은 상상하지도 못할 사건이었다. 21년 전인 1995년 1월 17일 새벽 무렵, 효고현兵庫縣에 인접한 오사카부大阪府 이케다시池田市에 살던 필자(당시 25세)는 겸

어본 적이 없는 심한 흔들림에 눈을 떴다. 도로가 끊겨 취재 팀과 함께 오사카 항에서 배로 고베神戸로 향했다. 고베에 다 가가자 하늘에서 지상으로 검은 줄이 몇 가닥 보였다. 이렇 게 큰 비가 내리면 피난이나 구조활동도 이만저만 아니겠다 고 생각했지만 조금 지나서 완전한 착각이라는 것을 깨달았 다. 자세히 보니 검은 가닥은 아래에서 올라오는 연기였다. 엄청난 일이 일어났다는 것을 깨닫자 다리가 후들거렸다.

오전 10시쯤이었을까. 우리는 고베 중심가 미노미야三宮 의 서쪽 지역 서민가인 나가타구長田區에 상륙했다. 주변에 서 가스 냄새가 나 위험을 감지했다. 전에 프로그램을 제작 하기 위해 이 부근에서 일주일 정도 취재한 적이 있었다. 고 베 공습 때에도 불타지 않은 오래된 민가들이 줄지어 있는 정이 넘치는 동네였다. 내 본가도 오래된 주택이 어깨를 나 란히 하고 줄지어 서 있는 도쿄東京의 쓰쿠다지마佃島이다. 나 가타구에서는 많은 집들이 붕괴되었다. 도로를 향해 목재나 기와, 흙벽이 쏟아져 내려 원형을 가늠할 수 없게 된 집. 1층 이 납작하게 짓눌려 2층이 1층 높이로 주저앉은 집, 본 적이 없는 붕괴의 모습이었다. 동네 중심부 상가로 갔더니 화재가 거셌다. 거기서 취재한 영상은 21년 후 이번 프로그램에서 화재를 분석하는 데 귀중한 실마리가 되었지만 그때는 그저

불의 위세에 압도되었다.

이번에는 시민병원이 붕괴했다는 정보를 듣고 거기로 향했다. 철근콘크리트 건물 5층 부분이 위층에 눌려 없어지는 바람에 구조활동이 이어지고 있었다. 바로 옆 연립주택 옥상에서 생중계를 준비하고 있는데 연립주택 뒤편으로 큰 공터가 보였다. 그곳 여기저기서 작은 불이 일렁였다. 순간 추워서 모닥불을 피웠나 하고 생각했다. 그러나 그것은 집과 가게가 불탄 흔적이었다. 화재로 아무것도 남지 않은 땅을 처음 목격했다.

사상 처음인 진도 7를 기록한 한신·아와지 대지진에서는 6,434명이 목숨을 잃었다. 모든 일이 상상을 넘어서는 것들이었다. 전파하거나 전소한 가옥이 11만 채였다. 대도시가 한순간에 붕괴해 어제까지 당연했던 평온한 삶, 그리고 소중한 목숨이 갑자기 사라지는 현실을 눈앞에서 본 것이다.

나는 그날부터 재해 지역 사람들이 어떤 곤란을 맞고 어떻게 복구해 나가는지를 기록하는 것, 나아가 다가올 대지진 앞에서 목숨을 지키기 위해서는 어떤 정보가 필요한지를 알려주는 것, 이 두 가지를 큰 주제로 삼아 프로그램 제작을 계속해왔다.

그러나 특히 두 번째 주제인 '목숨을 지킨다'는 부분에서 무언가 부족하다는 생각이 떨쳐지지 않았다. 이유를 깨달은 건 지진 이후 10년이 지나 한신·아와지 대지진 당시 건물에 깔린 사람 중 다수가 '질식'으로 숨졌다는 사실을 취재를 통해 알았을 때였다. 그 취재원은 현재 나온 유일한 대책이 '건물 내진화'이지만 죽음의 실상이 전해지지 않는 한 대책 마련에도 진전이 없을 것이라고 말했다. 그가 숨진 사람들의 사진을 보여주었다. 그 가운데에는 당시 8세이던 내 아들과 같은 키의 아이 사진도 있었다. 누군가에 등이라도 떠밀리듯 움직이며 취재를 하고 있다는 기분이 들었다.

한 사람 한 사람이 어떻게 숨졌을까. 그 실상을 알고 교훈을 전하는 것이 현장을 취재한 나의 사명은 아닐까. 그렇게 하지 않는다면 다음 대지진 대비책을 '설득력' 있게 전하기도 어려울 것 같았다. 다만 거기에는 커다란 장벽이 있었다. 한 사람 한 사람이 어떻게 숨졌는지를 밝혀주는 상세한 기록이 없었던 것이다. 설사 있다고 해도 지진이 나고 10년이 지났는데 구체적인 죽음의 모습을 전하는 일이 유족에게 상처를 주지는 않을까 하는 고민도 있었다. 문제의식을 가진 채로 그렇게 또 10년이 지난 21년째 여름. 드디어 나는 상세한 죽음을 기록한 데이터와 마주하게 되었다.

5,036명의 사체검안서 데이터

한신·아와지 대지진이 나고 20년이 되던 2015년 1월. 우리는 NHK 스페셜로 지진을 일으키는 활단층의 위협을 전하는 프로그램('도시직하지진 20년째의 경고')을 제작했다. 우리가 말하고 싶었던 것은 지금 기술로 지진 예측은 도저히 불가능하며 언제 어디서 진도 7의 지진이 일어나도 이상할 것이 없다, 결국 '사전 대비만이 할 수 있는 모든 것'이라는 내용이었다.

제작진 사이에서 21년째인 2016년 1월 17일에는 지진 대비의 중요성을 인상적으로 호소하는 프로그램을 방송하자는 이야기가 오갔다. 그런 가운데 담당인 요시미 가즈노리吉見和紀 감독이 어느 연구자에게서 귀중한 자료를 얻었다. 그것은 고베시에서 가장 많은 1,469명이 숨진 히가시나다구東灘區 소방서 구조활동의 전체 기록이었다. 누가 어떻게 움직였는지, 구조는 잘 진행되었는지, 지원대는 언제 왔는지 등 구조활동의 과제를 분석하는 실마리가 될 자료였다.

실은 한신·아와지 대지진 직후 정부와 연구자들이 방대한 규모의 조사를 진행해 정확한 데이터를 남겼다. 재난 예방이나 피해 규모를 줄이는 데 귀중한 자료였지만 충분히 분석하지 않은 채 묻힌 데이터가 숱하게 많았다. 이 '소방서 구조활동 전체 기록' 입수를 계기로 대도시를 덮친 지진의 실상을 밝혀내 대책을 제시할 수는 없을까? 이런 기대를 품고 우리는 묻힌 데이터를 파헤치는 취재를 시작했다. 그 가운데 얻은 것이 5,036명의 사체검안서 데이터였다.

사체검안서란 의사가 사망을 확인했을 때 사망 장소나 사인, 사망 시각 등을 상세하게 기록해두는 문서이다. 그 검안서를 모은 5,036명의 자료를 입수한 것이다. 그 숫자가 6,434명보다 적은 것은 지진 당일인 1995년 1월 17일에 숨진 사람의 자료(지진 당일 희생자의 약 97퍼센트)였기 때문이다. 이름 등 개인정보에 관한 부분은 삭제되었지만 성별, 연령 등도 남아 있어서 지진으로 인한 죽음의 실상을 알기에 충분한 실마리가 될 자료였다. 처음 봤을 때의 충격을 잊을 수 없다. 정말 이런 것이 남아 있다니. 할 말을 잃었다.

동시에 이런 생각이 떠올랐다. 사망 시각을 알 수 있다면, 시간 경과와 함께 이들이 어떻게 목숨을 잃었는가를 알 수 있지 않을까? 더욱이 지금까지 수집해온 화재와 가옥 파괴 관련 데이터를 합치면 무슨 이유로 목숨을 잃었는지 검증 가능할 것이다. 지진이 나고 21년. 사람들의 기억은 희미해지지만 기록은 풍화하지 않는다. 대도시를 덮친 직하지진의 실상에 처음 다가설 수 있는 게 아닐까 하는 느낌이 들었다.

최신기술로 가능해진 '가시화'와 '완전 재현'

실제로 이번 프로그램 제작을 이끈 한 가지 요인이 더 있었다. 그것은 영상 표현상의 기술 혁신이다. '데이터 비주얼라이제이션(자료시각화)'이라고 부르는 것으로, 수집한 데이터를 시간 등 특정한 기준에 따라 재구성할 수 있다. 가옥 파괴 및 다른 데이터와 합친 '교차분석'도 가능하다. 게다가 CG 표현으로 알기 쉽게 가시화할 수도 있다.

사체검안서에 '시간'이라는 항목이 있었기 때문에 5,036명한 사람 한 사람이 어떻게 죽음에 이르렀는가를 분 단위로밝힐 수 있을 거라고 우리는 생각했다. 서둘러 '자료시각화'기법을 직접 개발해 여러 프로그램 제작에 이용해온 아베 히로시阿部博史 디렉터(칼럼② 필자)와 논의를 했다. 자료를 본 그는 "데이터가 이 정도로 완벽한 형태로 남은 것을 본 적이 없다. 다른 데이터도 철저하게 모아 분석하면 여러 교훈을 어들 수 있을 것이다"라는 의견을 제시했다. 단번에 '가시화''완전 재현'의 가능성이 열렸다.

밝혀진 의외의 사실

우리는 시간 경과와 함께 사망자가 어떻게 늘어났는지를 알기 위해 피해 지역 지도 위에 5,036명 한 명 한 명을 사람 모양으로 보여주는 가시화 작업을 진행했다. 그 상세한 내용은 1장 이후에 다시 설명하겠지만 그것으로 알게 된 내용을 요약하면 다음과 같다.

우선 희생자가 집중된 것은 지진 발생 최초 1시간이었다. 사망 장소와 주택 파괴 자료(사체검안서와 별개의 44만 건에 이르는 데이터)를 합쳤더니 희생자가 집중된 곳은 완전히 파괴된 가옥이었다. 가옥에 깔린다든지 해서 거의 4,000명이 숨졌다. 희생자는 진도 7로 흔들린 지역에 집중됐다. 그런데 데이터를 보면 다수는 즉사를 의미하는 압사가 아니라 '질식사'였다. 도대체 이 질식은 무엇이란 말인가.

그 후 시간대 분석을 통해 한층 더 의외의 사실이 드러났다. 1시간 후에도 900명 이상이 살아 있었다. 지진 직후 죽음을 피해 구조를 기다리던 사람들이다. 이 사람들을 덮친 것이 '지진이 발생하고 몇 시간 뒤에 일어난 수수께끼의 화재'였다. 살아남은 사람들 다수가 뒤늦은 이 화재로 목숨을 잃었던 것이다.

게다가 5시간 뒤에도 여전히 500명 가까운 사람이 구조를 기다리고 있었다. 전국에서 구조대가 달려오고 있었지만 의외의 요인으로 발생한 교통체증 때문에 접근에 방해를 받아 구조가 진행되지 않았다. 이렇게 해서 사람들이 차례로 목숨을 잃었다. 만일 당시 화재나 교통체증이 일어나지 않았다면, 일어났다고 해도 최소한으로 줄일 수 있었더라면 많은 목숨을 구했을 것이다. 그러나 지진이 나고 21년이 지난 지금도 그런 대책은 진척 없이 '미해결'인 채로 머물고 있다.

지진으로 인한 죽음을 '세 가지 시간대'로 검증하다

우리는 이 분석에 더해 100명 넘는 유족과 구조에 나섰던 사람들을 취재했다. 도대체 현장에서 무슨 일이 일어났던 것일까? 많은 사람이 아픈 기억을 이야기해주었다. 죽음의 실상에 접근하는 것은 유족들에게 상처를 줄 우려가 있었다. 그러나 '비극을 되풀이하지 않아야 한다'는 신념 아래, 지금이야말로 밝혀진 사실을 전할 필요가 있다고 믿었다. 당시 우리가 얻은 결론은 만약 한신·아와지 대지진과 같은 규모의 지진이 도쿄 등 대도시를 덮친다면 똑같은 비극이 반복될 게

틀림없다는 사실이었다. 대책이 시급한 상황이었다.

이 책에서는 지진으로 인한 죽음의 실상을 '①지진 직후', '②지진 발생 1시간 후' 그리고 '③지진 발생 5시간 후' 등 세 가지 시간대로 나누어 검증한다. 각각의 시간대에 따른 죽음의 원인 및 죽음을 막기 위한 대책이 다르기 때문이다. 그리고 바로 지금 각각의 국면에 맞는 대책을 세웠으면 한다.

21년째에 밝혀진 5,036명의 죽음의 기록. 그것은 숨진 사람들이 남긴 '목숨을 지키기 위한 메시지'라고 우리는 받아들였다. 어느 전문가는 "숨진 사람들이 다음 세대 역시 자신들과 같이 죽어도 좋다고 생각할 리가 없다. 사전 대책을 더 적극적으로 강화하는 수밖에 없다."라고 프로그램에서 호소했다. 목숨을 지키기 위해, 비극을 되풀이하지 않기 위해서는 무엇이 필요한가. 이 책이 그것을 생각하는 계기가 되었으면 좋겠다.

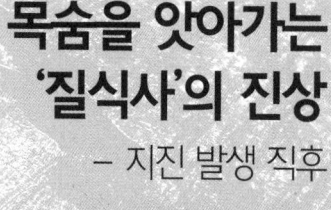

1장

목숨을 앗아가는
'질식사'의 진상

— 지진 발생 직후

지진의 비극을 제대로 전해온 것일까

"돌아가신 저희 부모님의 지진 직후 영상이 어딘가에 남아 있을 겁니다."

고베시 히가시나다구에 사는 노하라 구미코野原久美子 씨에게 그 말을 들은 것은 2015년 여름이었다. 나는 NHK 오사카 방송국에 속한 보도디렉터이자 지진취재팀의 일원으로 오사카와 고베 사이 피해가 컸던 지역을 중점적으로 취재했다.

2015년은 한신·아와지 대지진이 일어나고 20년이 되는 해였다. 새해가 시작되면서 지진을 되돌아보는 TV와 신문 특집이 이어져 회고 분위기가 높아졌다. 그런 한편에서 1월 17일이 지나면 열기가 확 사그라져 지진의 기억이 퇴색되는 것 아닌가 하는 우려의 목소리도 들렸다.

취재팀은 한신·아와지 대지진이 남긴 귀중한 경험을 기념

한다는 차원을 넘어 현재진행형의 살아 있는 교훈으로 전달하고 싶다는 생각을 공유하고 있었다. 그를 위해 필요한 것은 무엇일까. 언뜻 말할 만한 것은 다 말한 듯 여겨지는 지진의 전체 모습 중 새로운 면을 찾아내 알려지지 않은 사실을 보여준다는 것이 논의 끝에 우리가 내린 결론이었다. 덮쳐오는 지진의 피해를 조금이라도 줄이기 위해 방송 일을 하는 우리가 할 수 있는 '방재防災'의 방식이라고 믿고 뛰었다.

노하라 구미코 씨를 만난 것은 한창 그런 취재를 하던 중이었다.

노하라 씨는 JR고베선 주변에서 동네 아이들을 모아놓고 가르치는 서예교실을 운영하고 있었다. 그가 아이들과 함께 동일본대지진 피해 지역에 편지 보내는 활동을 이어가고 있다는 사실을 안 것이 취재를 요청한 계기였다. 사전 통화에서 노하라 씨 역시 한신 · 아와지 대지진으로 큰 피해를 봤다는 이야기를 들었지만, 그의 구구절절한 체험에 대해서는 미처 알지 못한 상태였다.

방과 후 아이들이 다니는 교실이 끝날 저녁 무렵, 노하라 씨를 방문했다. 정겨운 먹 냄새가 나는 방에서 이야기를 듣는 동안 앞서 말한 '영상'이 화제로 떠올랐다. 노하라 씨의 아

노하라 구미코씨
지진으로 본가가 형체를 알 수 없을 정도로
무너져 부모를 잃었다.

버지 고스케幸助 씨와 어머니 노리코範子 씨는 지진이 있던 날 아침에 숨졌다.

"부모님은 두 분 다 나이에 비해 건강했습니다. 지진이 나기 직전에도 함께 산 위에 있는 신사神社까지 걸어서 참배를 하고, 좋아하는 온천여행을 가볼까 하는 기대에 부풀어 있었습니다. 그렇게 갑자기 떠나실 줄이야…. 그날을 잊을 수가 없어요."

돌아가신 부모님이 재난을 당한 직후의 모습이 딱 한 번 TV 뉴스에 비춰진 것을 노하라 씨는 기억하고 있었다. 당시 노하라 씨는 40세. 미술 관련 일을 하느라 밤 늦게 귀가하는 불규칙한 생활이었기 때문에 부모님이 사는 본가에서 걸어 10분 거리인 맨션을 빌려 혼자 살고 있었다. 지진 당일 이른 아침에는 1월부터 계속 바빴던 일이 일단락된 뒤여서 오랜만에 푹 잠들어 있었다.

그리고 1995년 1월 17일 오전 5시 46분. '세탁기 안에 들어가 있는 것 같은 흔들림'에 눈을 떠 벌떡 일어났다. 정전으로 캄캄한 가운데 손으로 더듬어 신발을 찾았다고 한다. 순간적으로 부모님의 안위가 머리에 떠올랐기 때문이다. 어렵사리 밖으로 나와 주위의 광경을 목격했을 때 노하라 씨는 숨을 멈췄다. 어린 시절부터 보아온 고베의 시가지 모습은 더 이상 거기에 없었다.

"꿈인지 현실인지 구별되지 않는 풍경이었습니다. 저는 전쟁을 겪지 않았습니다만 영화에서 봤던 전쟁으로 불탄 느낌의 풍경이 쭉 펼쳐져 있었습니다. 무엇보다 모든 소리가 사라져버린 듯한 적막이 너무 무서웠던 기억이 납니다."

도로를 막은 건물 잔해 사이를 걸어서 부모님이 사시는 곳으로 향했던 노하라 씨. 가까이 다가가자 눈에 들어온 본가는 이전과는 완전히 다른 모습이었다.

"멀리서 집이 보였습니다만 현관 쪽 외벽만 신기하게도 제대로 서 있고 그 뒤는 모두 무너져내려, 흡사 연극 무대의 배경 같다는 생각을 했습니다. 가망이 없나…. 부모님은 이미 돌아가셨겠지, 그렇게 생각하면서 걸었던 기억이 납니다."

노하라 씨의 본가는 지은 지 50년(지진 당시)인 목조 2층 건물. 원래 네 채가 이어진 나가야長屋(좌우로 길에 늘어선 일본식 연립주택)의 두 채를 터서 하나로 만든 집이었다. 노하라 씨와 언니가 태어나 자란 그 집은 남쪽 현관이 있는 벽면만 남고 건물 전체가 서쪽을 향하는 모양새로 심하게 무너져내렸다. 여러 겹으로 쌓인 나가야의 건물 잔해와 기둥 아래 낯익은 장롱과 가구 그리고 아버지와 어머니가 쓰던 이불이 언뜻언뜻 눈에 들어왔다. 지진이 나고 얼마 뒤 노하라 씨의 부모님 시신을 주민들이 힘을 모아 건물 잔해 더미 아래에서 끌어내 가까운 어딘가에 안치했다.

노하라 씨가 말하는 영상은 안치된 장소의 모습을 담은 것이었다. 드디어 마주한 영상의 내용은 너무나 충격적이었고, 그것이 이후 취재팀을 움직이는 큰 동력이 되었다.

지진 직후 '죽음'과의 대면

영상에 기록된 것은 어두운 밤 길거리 풍경이었다.

촬영 시각은 1월 18일 심야. 장소는 히가시나다구의 어느 초등학교 옆 좁은 도로였다. 그 지역 대피소였던 체육관 주변에 많은 사람이 늘어서 있었다. 노인부터 아이들까지, 입에서는 하얀 김이 나왔다. 모두 손에 잡히는 대로 집에서 가지고 나온 옷을 껴입은 채 뼛속을 파고드는 추위를 견뎌내는 중이었다. 카메라의 조명은 어둠속에 떠오른 듯이 사람들의 불안한 표정을 잡아내고 있었다.

도로 한편에 한 줄로 늘어선 것이 눈에 들어왔다. 자세히 보니 아스팔트 위에 깔아놓은 '이불'과 '다다미疊'였다. 그 줄이 수십 장 이어지고, 그 위에 각각 한두 명씩 사람이 누워 있는 듯했다. 몸 위로 담요가 덮였는데, 얼굴까지 덮은 사람도 보였다. 맨 처음 나는 대피소인 체육관이 꽉 들어차 사람들이 건물 밖에서 하룻밤을 지내는 광경이라고 생각했다. 이불 옆에는 곁을 지키듯 앉아 있는 사람의 모습도 보였다.

사실은 그게 아니었다. 각각의 담요 위에는 작은 꽃다발이 놓여 있었다. 누운 것은 피난한 사람들이 아니라 지진으로 목숨을 잃은 사람의 시신이었다. 같은 담요에 두 명이 나란히 누운 듯 보인 것은 숨진 부부이거나 부모자식이었다. 시신 옆에 앉은 사람들은 남은 가족이었다. 한겨울 얼어붙은 밤하늘 아래, 황망하게 목숨 잃은 남편과 아내, 부모와 자식의 시신을 조용히 지키고 있는 사람들. 그 길 위에 노하라 씨의 부모님이 안치되어 있었다.

나는 충격을 받았다. 최초로 대면한 있는 그대로의 '지진

히가시나다구의 한 초등학교 옆 도로에 줄지어 늘어선 '이불'들
지진으로 숨진 사람들의 시신이 안치된 모습이다.

사'였기 때문이다. NHK 오사카방송국에 부임한 이후 2년 간 특별한 인연으로 한신·아와지 대지진을 전문으로 취재하면서 100명 가까운 유족과 피해자들의 이야기를 들었고, 많은 수기와 기록을 읽으며 지진의 전체 모습을 이해하려고 했다. 나는 간사이關西 출신이지만 지진 발생 당시 도쿄에 머물고 있었다. 직접 경험하지 않은 지진을 체감하기 위해 당시의 방대한 뉴스 영상도 반복해서 보았다.

그렇지만 지진으로 숨진 사람의 시신을 눈으로 본 것은 그때가 처음이었다. TV 화면에 시신이 그대로 나오는 경우는 매우 드물다. 불특정 다수가 다양한 시간대에 시청하는 TV

에서는 '죽음'을 간접으로 표현하고 전달하는 쪽인 나 자신도 거기에 익숙해져 있었다. 날것 그대로의 죽음을 처음 대면하고 나자 목숨을 잃는 것의 부조리가 불현듯 '고통'스럽게 다가왔다.

노하라 씨를 처음 만나고 약 1개월 뒤. 부모님의 영상을 찾았다는 연락을 하자 그는 보고 싶다는 의사를 표했다. 영상은 약 3분 정도로, 어두운 그날 밤의 풍경이 화면에 담겨 있었다. 노하라 씨는 때때로 "힘드네…."라고 혼잣말하고 눈물을 글썽이면서도 얼굴을 돌리지 않고 화면을 응시했다. 영상을 다 본 그가 잠시 침묵하다가 이렇게 말했다.

"당시는 부모님이 불쌍하다고만 생각했습니다. 선량하게 사신 두 분이 왜 이렇게 가야 하나. 그렇게 떠났다는 게 너무 슬펐습니다. 그냥 더 평범하게 죽음을 맞기를 바랐어요. 그러면서도 제 자신에게는 다른 방법이 없었다고, 20년 이상 거짓 위안을 하며 살아온 셈이죠. 하지만 저는 부모님의 원통한 마음까지 잊지는 않았습니다. 그런 아픔을 똑같은 방법으로 반복하지 않으려면 무언가 도움이 될 만한 것을 해야죠. 그래야 부모님도 죽음에 미련이 남지 않을 거라고 생각해요. 지진으로 어떻게 죽는가, 그것이 얼마나 슬픈 일인가를 한 사람이라도 더 많은 이가 알았으면 좋겠습니다."

발굴, 5,036명이 남긴 삶과 죽음의 기록

지진은 어떻게 사람의 목숨을 앗아가는가. 있는 그대로의 모습을 밝혀내려 애쓰던 중 결정적인 자료와 마주쳤다. 희생자 한 사람 한 사람에 대해 작성된 '사체검안서'였다.

사체검안서는 사람이 죽었을 때 의무적으로 작성하도록 한 법적 문서로 의사가 시신의 상태를 직접 살펴 사인과 사망 장소, 사망 시각 등을 상세히 기록한다. 도쿄와 오사카, 고베 등 대도시에는 사인 규명 전문가인 검시관이 상주한다. 매장이나 사망신고서를 제출할 때에도 반드시 필요하기 때문에 대지진의 혼란 속에서도 예외 없이 검안서가 유족에게 전해지고, 지자체에도 보관된다.

우리 취재팀이 여기저기 탐문하고 당시의 공개·비공개 자료를 발굴하는 과정에서 이 검안서를 5,000명 분 이상 모은 작성한 귀중한 리스트를 얻은 것이다. A4 용지 수십 장에 이르는 그 리스트에는 지진 발생 당일 24시까지 숨진 5,036명 한 사람 한 사람의 사망 원인, 사망추정 시각, 피해 장소와 시신을 본 의사의 소견 등 10가지 이상 항목이 상세하게 기록되어 있었다. 20년 전에 만들어진 이 리스트는 그 후 오랫동안 묻혀 있었다.

리스트에는 개인을 특정할 수 있는 이름 등은 생략됐지만 연령이나 가족란 등이 죽음의 현장감을 고스란히 전하고 있었다. 3세 여자아이, 16세 고등학생, 28세 부부와 아기, 75세 노인…. 각자 서로 다른 인생을 살던 사람들이 지진이라는 사건으로 인해 나이나 성별에 관계없이 한순간에 목숨을 잃은 것이었다.

사망 시각이 던지는 '구조 가능한 목숨이 있었다'는 사실

검안서 리스트 분석을 시작하며 우리는 중요한 사실을 알아차렸다. '사망 시각'란을 보면 '즉사', '5시 46분'(=지진 발생 시각), '6시 00분'인 사람이 다수였다. 반면 '8시 00분', '12시 00분', '18시 00분' 등 지진이 발생하고 어느 정도 지난 시각에 숨진 것으로 보이는 사람도 적지 않았다. 달리 말해 지진 후 수 시간 동안 생존 상태였다는 의미다.

이게 무엇을 의미하는가. 병원으로 옮겨져 거기서 숨진 사람들일까? 처음에는 그렇게 추측했다. 리스트의 '이송 기록'란에 그런 내용이 포함돼 있었지만 숫자는 많지 않았다. 거의 모두 지진을 당한 장소에서 죽음에 이른 것으로 기록된 사람들이었다. 다시 말해 '사망 시각'은 무너진 건물이나 그 잔해 아래에서 한동안 구조를 기다리다 목숨을 잃은 사람이 적지 않았다는 점을 시사했다.

왜 구할 수 없었을까? 구조를 가로막은 요인은 무엇일까? 우리는 지진 직후 재해 지역에서 무슨 일이 일어났는지를 밝혀내기 위해 당시 자료를 철저하게 모으기로 했다.

당시의 데이터를 찾아 일본 각지로

직하지진이 인구 100만의 도시를 덮치는 전후 첫 경험이었던 한신·아와지 대지진 현장에는 다수 전문가와 연구기관, 조사단, 언론이 들어가 방대한 기록과 보고서를 남겼다. 이 문서들은 지진의 교훈을 지속적으로 알리기 위해 설립한 공적 기관 '사람과방재 미래센터'(고베시 주오구)에 약 16만 점이 보관되고, 그 밖에 고베대학이 운영하는 '지진재해문고'(고베시 나다구)에 약 5만 점 등 여러 곳에 보존되어 있다.

그간 다양한 형태로 두 기관과 협력해 자료를 활용해왔던 우리는 이번 취재에서는 조사와 보고서를 작성한 당사자를 직접 취재해 그 토대인 1차 자료(원 데이터)에 접근하는 데 주력했다. 기존 자료라도 20년 이상 지나 다른 시각으로 새롭게 보면 또 다른 사실이나 단서를 찾을 수 있지 않을까 기대한 것이다.

나고야에서 중앙본선으로 약 1시간 떨어진, 도자기로 유명한 기후현岐阜縣 미즈나미시瑞浪市 산골짜기 길을 따라 올라가면 철근콘크리트로 지은 커다란 2층 건물이 나타난다. 한신·아와지 대지진 2년 뒤 지진 예측과 방재 연구를 목적으로 설립한 공익재단법인 '도노東濃지진과학연구소'다. 객원연구원인 오타 히로시太田裕(취재 당시 81세) 씨는 과거 홋카이도대학 공학부 교수(건축공학)를 지냈고 지진 발생 직후에는 고베 시내에서 상세한 현장조사를 진행했다.

오타 씨는 "오랫동안 생명과 재산을 지키기 위해 진화해온 건축물이 사람을 다치게 하는 흉기로 변하는 것에 큰 충격을 받았다"고 했다. 그래서 다른 연구자들과 뜻을 모아 건물과 사람의 피해 관련성을 규명하는 학술단체 '인적피해연구회'를 결성했다. 이곳을 찾은 이유는 그 연구회가 1997년 편집 발행한 논문집에 흥미로운 논문이 포함돼 있어서였다.

제목은 〈한신·아와지 대지진 당시 구조활동의 시계열 분석〉. 오타 씨에게 자세한 경위를 물으니 당시에도 매몰자에 대한 소방 구조활동이 늦은 것 아니냐는 지적이 팽배해서,

고베시 소방국의 기록과 증언을 토대로 실증적으로 검증한 것이라고 설명했다. 논문은 고베 시내 어느 장소에서 소방 구조활동이 어느 규모로 실시됐는지, 그 진행 상황을 1시간 단위로 알 수 있도록 그래프와 도표로 알기 쉽게 정리해놓은 것이었다.

오타 씨에게 설명을 들은 뒤 당시의 원 자료가 남아 있는지 물었다. 이 정도로 사실 관계를 파악했다면 방대한 1차 자료가 있을 거라고 예상했다. 오타 씨는 "20년도 더 지난 일이라 있을지 없을지⋯,"라면서도 찾아보겠노라 말했고 우리는 연락을 기다렸다.

일주일 뒤 세토나이카이瀬戸內海가 내다보이는 거리에서 원 자료를 찾았다. 산요신칸센山陽新幹線 신야마구치역新山口驛에서 남쪽으로 지방 철도를 갈아타고 달리기를 약 50분. 왼쪽으로 세토나이카이가 가까워졌을 때쯤 반대편 고지에 야마구치대학 도키와캠퍼스가 나타났다. 공학부 무라카미 히토미 부교수는 지진 당시 오타 씨와 함께 조사를 진행한 연구자로, 이후 홋카이도대학에서 야마구치대학으로 자리를 옮겼다. 현재 동일본 대지진의 피난 행동 등을 중심으로 연구를 진행하는 그는, 20년도 더 전에 모았던 원 자료를 소중하게 보관하고 있었다. 지진 당시는 컴퓨터나 이메일이 지금만

큼 보급되지 않았던 시대다.

　무라카미 부교수는 "각 지역 소방서에 부탁해 내부용 활동기록을 복사하거나 팩스로 받아서 끌어모았다"고 말했다. 그도 오랜만에 열어본다는 봉투 속에 정성스럽게 접어서 분류해놓은 원 자료가 있었다. 색이 변하거나 글자가 번지기는 했어도 내용은 정확하게 알아볼 수 있었다.

　기록은 생각보다 상세했다. 직접 손으로 쓰거나 빽빽한 워드프로세서 타이프 글자로 고베시, 니시미야시西宮市, 아시야시芦屋市, 다카라즈카시寶塚市, 호쿠단정北淡町(현 아와지시)의 각 소방서가 몇 시 몇 분에 신고를 받았으며 대원들이 현장에 도착할 때까지 몇 분이 걸렸는지를 밝혔다. 또 출동한 대원은 몇 명이며 사용한 장비(전기톱, 잭, 손전등…)는 무엇인지, 구조에 걸린 시간 및 일반인의 도움 여부 등을 밝히고 마지막으로 구조 대상자의 '생사'를 기록하고 있었다. 그 총수가 1,964건에 이르렀다. 돕기 위해 달려온 도쿄소방청과 오사카, 요코하마 대원들의 활동 내용까지 상세하게 기록해, 이를테면 극한의 위기에 직면한 소방 '구조활동 전체 기록'이라고 말할 수 있었다.

　무라카미 부교수는 "언젠가 한신·아와지 대지진을 다른 시각으로 본다면 새로운 발견을 할 수 있지 않을까 생각해서 남겨두었다"고 말했다. "거대한 지진은 사람에 따라 일생에 한 번 체험할까 말까 합니다. 한 차례의 피해 경험에서 몇 번이고 배워 교훈으로 새겨가는 수밖에 없다고 생각했지요." 그에게서 표 계산 소프트웨어 입력과 추가정보 보충 등 여러 가지로 도움을 받았다.

방대한 데이터를 최신기술로 해석, 열쇠는 '세 가지 시간대'

'구조활동 전체 기록'과 같은 1차 자료 수집을 위해 취재팀 전원이 약 3개월 간 매달린 결과 다양한 데이터가 모였다. '피해 지역 건물 44만 채의 피해 정도 조사보고', '지진 당일 발생한 전체 화재 205건의 현장검증 결과', '지진 직후 촬영한 피해 지역 전체 항공사진', '당시의 도로 데이터'….

이 모든 것을 디지털화해 NHK가 개발한 '자료시각화'(칼럼 ② 참조)라는 최신 해석기법을 구사해 하나의 지도상에 '가시화'를 시도했다. 모은 데이터 전체 숫자(항목 수)는 100만 항목 이상으로 그것을 당시 고베 주변의 주택지도 위에 정확하게 표시하는 것이었다. 어려운 작업이었지만 마침내 아무리 크게 확대해도 문제가 없을 정도의 세밀한 '한신·아와지 대

한신·아와지 대지진의 데이터 지도
지진 발생 1분 전인 오전 5시 45분. 사람 표시 색깔은 생존을 나타내는 '파랑'이다.

지진 데이터 지도'를 완성했다.

이 데이터 지도에는 중요한 요소를 추가했다. '시간 축'의 개념이다. 처음 얻은 희생자 5,036명의 검안서 리스트에는 '사망 시각'이 기록되어 있었다. 그것을 바탕으로 숨진 시간에 맞춰 1분 간격으로 사람 모양이 나타나도록 시간 변화와 희생자의 관계를 나타내는 지도를 작성했다. 한 사람 한 사람이 '어디에서' '언제' 숨졌는지는 천차만별이었다. 그 순간에 가장 가까운 소방서의 구조활동은 어땠는지, 도로 혼란은 어느 정도였는지, 인근에 화재는 있었는지…. 복합적으로 검증하는 것이 향후 지진이 났을 때 생명 구조법을 모색하는

데 필수라고 생각했다.

완성한 '한신·아와지 대지진 데이터 지도'는 지금까지 본 적 없는 것이었다. 시간 축의 시작은 1995년 1월 17일 오전 5시 45분. 지진 발생 1분 전인 이 시각에는 당연히 지도상 어디에도 희생자 표시가 없다. 그리고 5시 46분, 지진이 발생한 순간 갑자기 각지에서 희생자를 나타내는 빨간 표시가 퍼져간다. 진원에서 가까운 아와지시마 북부에서 동쪽으로, 고베에서 오사카 쪽으로 횡단하는 띠처럼 빨간 점이 1분마다 늘어간다. 그 띠는 진도계가 특히 심한 흔들림을 기록해서, 44만 채의 건물 피해도 데이터에 따르면 완파된 가옥이 집중적으로 발생한 곳이기도 했다. 마침내 최초의 대규모 화재가 발생했고, 고베시 서부 나가타구를 중심으로 희생자가 더욱 늘었다. 도로 데이터를 대입해보니 간선도로에서 혼란이 확대돼 교통이 마비된 것을 알 수 있었다.

이렇게 시간을 따라가다 보면, 필요한 대책을 통해 구조 가능한 생명이 있었다는 점을 새삼 알 수 있다. 우리는 지진 발생부터 경과 시간마다 세 가지 시간대로 나누어 차례로 검증을 진행하기로 했다. 제1시간대는 '지진 발생부터 1시간 이내'. 사망자가 집중된 가장 위험한 시간대였다.

지진 직후 '가장 위험한 시간대'

제1시간대에는 도대체 무슨 일이 일어난 것일까.

한신·아와지 대지진이 발생한 1995년 1월 17일은 사흘 연휴가 끝난 화요일이었다. 이 날부터 다시 직장이나 학교로 가는 사람도 지진 발생 시간인 이른 아침 5시 46분에는 대부분 자는 중이었다. 따라서 눈을 떠보니 무너져내린 건물 아래에 있었다는 사람이 적지 않았다.

지진 발생 순간을 기록한 많지 않은 영상 중 하나로 NHK가 고베방송국 실내를 찍은 정보수집 카메라 영상이 있다. 화면에는 건물 2층 방송국 사무실 전체 및 당직 기자가 자고 있는 모습이 나온다. 큰 흔들림이 있기 3초 전에 잠을 자던 기자가 이상한 움직임을 보인다. 상체를 일으켜 무슨 소리를 듣기라도 한 듯 주위를 둘러보는 것이다. 그 직후 사무실 전체가 곤돌라를 흔드는 것처럼 격하게 흔들리면서 로커와 선반이 무너져 내린다. 그 사이 기자는 머리를 감싼 채로 누워서 그 순간이 지나가기만을 기다릴 수밖에 없었다. 흔들림 5초 후, 정전으로 깜깜해진다. 모든 불빛이 사라진 것이다. 그날 일출은 오전 7시 6분이었다. 지진을 만난 사람들은 빛도 없는 상태에서 자신의 몸을 지키며 잔해가 되어버린 천장과

건물 피해 정도와 희생자의 관계
'전파'로 분류된 건물에서 많은 사람이 숨졌다.

벽 아래에 있었다.

그 제1시간대에 3,842명이 숨졌다.

이는 지진 당일 숨진 사람(5,036명)의 76퍼센트에 해당하는 숫자다. 4명 중 3명이 최초 1시간 사이에 목숨을 잃은 것이다. 검안서 목록을 보면 '사망 시각'란에 가장 많았던 표현이 '5시 46분'과 '즉사'였다. 그리고 '5시 50분', '6시 00분' 등이 이어진다. 시신을 검안한 의사가 짧은 시간 안에 죽음에 이르렀다고 판단한 것이다. 대체 무슨 일이 일어난 것일까.

단서는 건물의 지진 피해 정도를 나타내는 44만 채의 데이터에 있었다. 1시간 이내 희생자가 있었던 장소와 건물의 피

해 정도를 색깔로 표시한 지도를 겹쳐보면 거의 대부분 '전파
全破'로 분류된 건물 위치와 일치한다. 집이 완전히 무너지면
서 많은 생명을 앗아간 것이다.

60퍼센트에 공통된 의외의 사인, 질식

사인을 분석하면서 우리는 의외의 사실을 알게 되었다. 1시
간 이내에 숨진 사람의 검안서 '사망 원인'란을 보면 가장 많
은 것이 '압박사'였다. 많은 사람들이 한 번쯤 들어봤을 압박
사란 신체가 무언가에 강하게 끼인다든지 눌려서 죽는 것을
말한다. 다만 이 압박사는 크게 분류한 사인이고, 더 상세하
게 분류된 사인이 있었다. '압사'와 '질식사'이다.

　'압사'란 무거운 물건 혹은 강력한 힘에 의해 신체 전체가
눌려서 전신 골절이나 내장 파열 등이 일어나 죽는 경우를
가리킨다. 압사는 단기간에 신체 기능이 '불가역적인 상태'
즉 어떤 응급 치료나 소생 조치도 효과가 없어지는 상태에
이르는 '즉사'이다. 건물 아래 깔려서 죽는 경우, 우리는 일반
적으로 '압사'를 떠올린다. 나 자신도 취재를 하기 전에는 10
만 채 넘는 건물이 전파 또는 반파한 한신·아와지 대지진에

서는 '압사'가 대부분일 것이라고 막연하게 생각했다.

그러나 검안서 목록을 살펴보면 1시간 이내 '압박사' 중 '압사'는 8퍼센트에 불과했다.

반면 1시간 이내 '압박사' 중 무려 61퍼센트를 차지한 것이 '질식사'였다. 질식사는 말 그대로 호흡이 서서히 불가능해

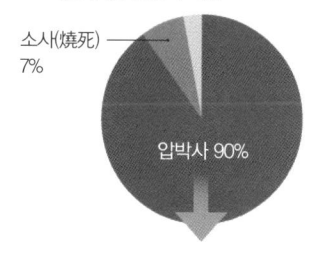

그림 1-1 **지진 발생 1시간 내 희생자**
(전체 3,842명)의 사인

소사(燒死)
7%

압박사 90%

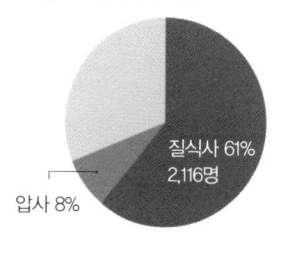

그림 1-2 **압박사의 이유**

질식사 61%
2,116명

압사 8%

져 죽음에 이르는 것을 가리킨다. 검안서 목록에 따르면 무려 2,116명이 '질식사'였다.

충격이었다. 지진과 질식사가 어떻게 연관되는 것인지 얼른 이해가 되지 않았다. 질식은 코를 막거나 목을 조르거나 혹은 떡 같은 게 목에 걸려 일어나는 경우밖에 떠오르지 않았다. 그와 비슷한 일이 지진 상황에서 일어나는 것일까, 아니면 다른 원인이 있는 걸까. 짐작이 되지 않았다.

같은 대분류 아래 '질식사'와 '압사'가 있지만, 이 두 경우의

가장 큰 차이점은 죽음에 이르기까지의 시간이었다. 압사와 달리 '질식사'는 순간적으로 일어나지 않는다. 기초의학 교과서 등에 따르면 성인의 경우 호흡이 멈추고 3~5분이 지난 뒤 뇌에 불가역적인 손상이 발행하고 이후 질식사에 이른다. 그러니까 한신·아와지 대지진에서 '질식사'라고 기록된 2,116명은 지진이 나고 어느 시점까지는 생존했을 가능성이 있는 것이다. 취재를 해나갈수록 그런 사실을 뒷받침하는 다양한 증언이 나왔다. 그리고 이러한 사실은 지진으로 인한 질식사의 가혹함을 말해준다.

'건물 잔해 아래에서 들려오는 목소리'의 수수께끼

검안서 목록을 분석해 질식으로 숨진 사람이 가장 많은 지역을 알아냈다. 고베시 동부의 오래된 주택가인 히가시나다구였다. 북쪽은 롯코산, 남쪽은 오사카만 사이에 있는 히가시나다구는 아와지시마 북부의 진원에서 시작된 두 개의 지진파가 서로 부딪히는 지점이었던 것으로 보여(고베시 편《한신·아와지 대지진 발생의 메커니즘》《한신·아와지 대지진의 개요와 복구》등) 특히 심한 흔들림이 관측되었다. 이 때문에 건물 피해 비율이 고베시에서 가장 높았다. 완전히 붕괴된 건물이 1만 3,687건, 절반 정도 무너진 건물이 5,538건에 이르렀다.

히가시나다구에서 당시 상황을 취재하는 동안 여러 사람에게서 비슷한 증언이 나왔다. 지진 발생 직후 무너진 집 아래에서 "사람 목소리가 들렸다"는 것이다. 앞서 소개했던 서예교실 운영자 노하라 구미코 씨도 '건물 잔해 아래의 목소리'를 기억하는 사람 중 하나였다. 아버지 고스케 씨와 어머니 노리코 씨를 지진으로 잃은 노하라 씨가 영정을 모신 집 안의 불단에 소중히 보관한 부모님의 검안서에는 '사망 원인'란에 똑같이 '질식사'라고 쓰여 있다.

그는 검안서를 의사에게서 받아 처음 질식이라는 글자를 봤을 때의 위화감을 지금도 기억하고 있다.

"어? 하고 생각했어요. 지진으로 질식했다니 어떤 상황인지 몰라 당황했습니다. 부모님은 목이 졸린 것도, 입이 막힌 것도 아니었고 그저 평온한 얼굴이었으니까요."

다만 짐작 가는 게 없지는 않았다. 노하라 씨가 10분도 안 걸려 달려갔을 때, 부모님은 완전히 무너져내린 본가 건물 잔해 아래에 있었고 근처 사람들이 필사적으로 도우려 애를 쓰는 중이었다. 그 상황을 목도한 노하라 씨는 같은 동네에 사는 여동생 부부와 두 아이가 산 채로 파묻혔다는 이야기를 들고 그쪽으로 달려갔다. 말 그대로 극한상황이었다.

여동생 가족 네 명은 2시간 만에 전부 구출되었다. 그 사이 잔해 아래에서 부모님도 끌어냈지만 이미 숨이 끊긴 상태였다. 달려온 노하라 씨가 부모님의 시신과 마주했을 때 두 사람의 시신에는 눈에 띄는 외상이나 큰 출혈 흔적이 없었다.

그날 노하라 씨는 이웃 사람에게서 생각지도 못한 부모님의 마지막 상황을 들었다. 어머니 노리코 씨의 목소리가 잔해 아래에서 들려왔다는 것이다.

"아버지 목소리는 전혀 듣지 못했지만 어머니의 '살려줘.' '여보, 살려줘.' 하는 목소리가 잔해 밖까지 들렸다는 거예요. 정확한 시간은 알 수 없지만 확실히 지진 직후에 들렸다고 했습니다."

그러니까 어머니는 얼마 동안 잔해 아래에서 살아 있었다는 것이다. 노하라 씨에게 그것은 고통스런 사실이었다.

"어머니는 평소 '오랜 병치레로 자식들을 힘들게 하지 않도록 한순간에 가고 싶어.'라고 말해왔어요. 본인의 마음을 생각하면 왜 이런 일이 일어났는지 이해도 못 한 채 떠났다는 기분이 듭니다. 춥고 차갑고 아프다고 느끼면서, 잔해 아래서 먼 길 떠나셨다고 생각하면 지금도 마음이 쓰립니다."

가장 많은 시신을 본 의사

왜 지진으로 이렇게 많은 사람이 '질식'해 숨지는 것일까. 우리는 그 의문을 푸는 귀중한 단서를 가진 사람을 만났다. 도쿠시마대학 의학부에서 법의학을 가르치는 니시무라 아키요시西村明儒 교수였다. 한신·아와지 대지진이 발생하던 날 고베시 당직 감찰의였던 그는 지진 발생 직후부터 각지의 시신 안치소와 병원을 돌며 200명 이상의 시신을 검안했다.

니시무라 교수는 질식해서 숨진 사람을 살피는 동안 한 가지 공통적인 특징을 알아차렸다고 한다.

"시신을 보면 뼈도 부러지지 않고 장기 손상도 없는 사람이 대부분이었습니다. 지진 당시는 법의학을 전문으로 한 지 10년쯤 지났을 시기였어요. 저로서는 그렇게 많은 시신이 한

니시무라 아키요시 도쿠시마대학 교수

그림 2 **질식사한 사람의 대부분은 몸 일부가 하얗게 변색**
질식사한 사람의 대부분은 갈비뼈가 부러지지 않았고 장기손상도 없었다. 무언가에
눌린 듯 '하얗게' 변색한 것이 특징이었다.

꺼번에 몰린 재해를 처음 경험한 것입니다만, 깨끗한 상태의
시신이 유독 많아 안타깝던 기억이 생생합니다."

니시무라 교수에 따르면 질식사한 시신에는 눈에 띄는 손
상이 없었다고 한다. 연구실로 찾아갔을 때 그는 학술서에
실린 지진에 의한 질식사 시신의 사진을 보여주었다. 언뜻
자고 있는 사람처럼 보였다. 눈에 띄는 손상도 없었다. 입과
코에 흙과 모래가 들어갔거나 막힌 흔적도 보이지 않았다.

니시무라 교수는 질식으로 숨진 대부분의 경우 옷 아래 피
부에 어떤 변화가 나타났다는 사실을 알려주었다. 몸체에 하
얗게 변색된 부분이 띠 모양으로 있었다는 것이다. 보통 시
신은 울혈로 인해 몸 전체가 붉어지기 때문에 하얀 변색이

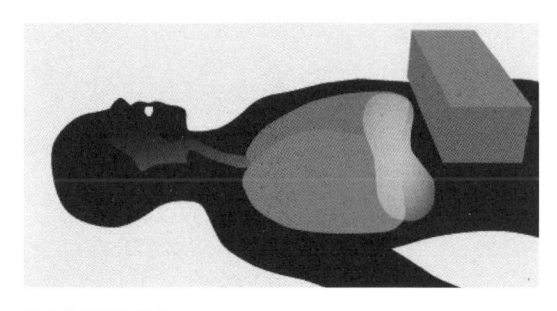

그림 3 **외상성 질식**
보통 횡경막이나 가슴이 움직여 호흡을 하지만 기둥이나 대들보가
배나 가슴을 압박하는 바람에 그 움직임이 멈춰 호흡을 할 수 없게
된다. 이를 외상성 질식이라고 한다.

더 눈에 띄었다. 니시무라 교수는 그 변색이 무언가에 강하
게 눌린 흔적이라고 설명했다.

"가령 손가락으로 꼭 집어서 누르면 그곳이 하얗게 되는
것과 같은 원리입니다. 질식사한 시신을 보면 특히 가슴과
배 위에 그 같은 변색 흔적이 남아 있었습니다."

왜 그것이 질식과 연관이 있는 것일까. 사람이 호흡하는
구조와 밀접하게 관련돼 있다. 일반적으로 사람은 폐 아래
배와 가슴의 경계인 횡격막이 움직인다든지, 가슴 전체가 부
풀어오르거나 수축한다든지 하면서 산소를 들이마셔 호흡한
다. 그런데 그 가슴과 배 위를 무거운 물건, 예를 들어 기둥
이나 들보 같은 것이 누르면 횡격막이나 폐의 움직임이 멈춰

호흡할 수 없게 된다.

"'외상성 질식'이라고 부르는 메커니즘입니다. 코나 입이 막히는 질식을 '기도폐쇄성 질식'이라고 합니다만 이와 달리 가슴이나 배 위에 압박이 가해지면 입과 코가 열려 있어도 호흡할 수 없게 됩니다. 한신 · 아와지 대지진에서는 그런 외상성 질식이 많은 사람의 목숨을 앗아가는 원인이었습니다."

니시무라 교수는 외상성 질식이 일어나는 과정에 특유의 '공포'가 있다고 지적한다. 몸 위에 떨어져 내린 물건(기둥, 들보, 가구 등)이 다리나 팔을 누르는가 아니면 가슴이나 배 위에 놓이는가, 즉 '압박 지점'에 따라 생사의 운명이 달라지기 때문이다.

"다리에 떨어지면 골절로 끝나지만 가슴이나 배 위에 놓이면 얼마 지나지 않아 호흡을 할 수 없게 돼 목숨을 잃습니다. 이처럼 자신이 어떻게 할 도리 없는 우연에 의해 좌우된다는 점에서 외상성 질식이 무섭습니다."

니시무라 교수가 한신 · 아와지 대지진에서 절감한 것이 있었다고 한다. 그리 무겁지 않은 물건이라도 외상성 질식을 일으켜 목숨을 앗아갈 위험이 생긴다는 것이었다.

"젊어서 뼈가 단단한 사람은 물론이고 나이가 들었지만 갈비뼈조차 부러지지 않았는데 질식사한 사람이 많았습니다.

뼈가 부러지지 않을 정도의 압박도 숨을 쉴 수 없게 할 수 있다는 것을 실감했습니다."

구체적으로 어느 정도 무게를 몇 분쯤 견디다 질식사에 이르는 것일까. 해외 동물실험이나 과거 일어난 사고 사례 등을 참고해 니시무라 교수는 어디까지나 추측이고 개인차가 있지만 "자기 체중의 2배 이하라면 질식은 거의 일어나지 않는다. 반면 체중의 5배 이상이라면 10분 전후로 질식사할 가능성이 있다"고 말한다.

질식사에 이르기까지 얼마간의 시간이 걸린다면, 그 사이에 많은 사람을 구할 수 있지 않을까. 하지만 대도시의 상황을 감안하면 현실적이지 않다고 니시무라 교수는 강조한다. "외상성 질식에 처한 경우 최대 1시간 이내에 어떤 식으로든 구출하지 않으면 죽습니다. 그 1시간 이내라는 것이 현실적으로는 매우 어렵습니다. 대지진이 나면 외상성 질식이 광범위한 지역에서 동시다발로 일어납니다. 수천 명이 집 아래에 깔린 상황에서 동시에 그들을 구출해내기란 불가능하다고 보는 게 맞습니다. 결국 지진에 대비한 건물 보강 등 사전 조치가 무엇보다 중요합니다."

2장

어느 대학생의 죽음

– 반복되는 비극·진전 없는 내진화

왜 20대에서 '질식사'가 많았을까

사체검안서의 데이터를 분석해본 결과 질식사는 '누구에게나' 일어날 수 있는 일이었다. 지진 발생 후 1시간 이내에 '질식사'한 사람 숫자는 2,166명. 나이별로 볼 때 가장 많은 연령대가 60대로 393명(전체의 18.6퍼센트)이었고 이어 70대(392명), 50대(314명) 순이었다. 나이가 많을수록 체력이 떨어져 압박을 견디지 못해 질식사로 이어지기 쉽다는 점을 데이터가 보여준다. 실제로 50대, 40대로 연령대가 낮아질수록 희생자의 숫자는 줄어드는 경향을 보였다.

그런데 20대의 데이터는 의외였다. 연령대가 낮아질수록 줄어들던 희생자 숫자가 이 나이대에서 다시 상승한 것이다. 목록에 따르면 160명이나 되는 젊은이가 질식으로 숨졌다. 왜 체력이 좋은 젊은이의 질식사가 이렇게 많은 것일까. 취

그림 4 **질식사로 숨진 가구별 그래프**

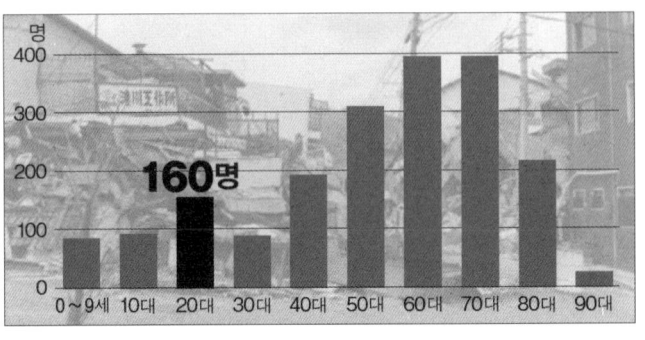

질식사로 숨진 사람은 고령자가 많지만 체력이 있는 20대도 160명으로 많은 편이었다. 특히 고베시 동부의 내진성이 낮은 낡은 목조주택이 많고 대학이 몰린 지역에 사망자가 집중됐다.

재팀은 20대 희생자 한 사람 한 사람이 어떤 상황에서 숨졌는지를 당시 살던 장소와 건물 구조 등을 파악해 지도에 표시하는 작업을 진행했다. 그랬더니 어떤 특징이 나타났다.

젊은이의 희생이 집중된 지역

20대 희생자는 효고현 니시노미야시에서 고베시 동부에 걸쳐 동서 10킬로미터의 길고 좁은 지역에 집중해 있었다. 그곳은 대학, 단기대학, 전문학교들이 많은 지역으로, 주변에는 학생용 소규모 연립주택이 밀집해 있었다. 그 대학가를 진도 7의 강진이 무참하게 바꿔놓았다.

지진 당일 찍은 항공사진이 피해의 심각성을 보여준다. 사진을 보면 주택지 여기저기에 갈색 흙모래가 솟아오른 듯 보이는 곳이 눈에 띈다. 내진 능력이 약한 목조 연립주택이 무너진 곳이다. 벽에 사용된 흙과 모래 그리고 지붕을 고정하기 위해 쌓은 흙이 가루가 된 채 건물 잔해의 산을 이룬 것이다. 우리는 취재 중 22세에 안타깝게 숨진 대학생의 부모에게서 이야기를 들을 수 있었다.

어느 대학생의 죽음, 고베대학 모리 와타루 씨

"이쯤에 와타루가 살던 연립주택이 있었습니다. 동네는 이미 완전히 다른 모습으로 바뀌었습니다만…."

모리 히사에 씨(취재 당시 77세)는 둘째 아들인 와타루 씨(22세)를 질식사로 잃었다. 당시 와타루 씨는 고베대학 법학부 4학년이었다. 혼자 JR셋쓰모토야마역攝津本山驛 인근 목조 연립주택 1층에 살았는데, 그날 목조 연립주택이 붕괴하면서 그 잔해에 깔렸다. 그곳은 지금은 주차장이 되었고 주위에는 새로 지은 주택이 늘어서 있다.

와타루 씨는 본가로 다니러 와 지진 이틀 전인 1월 15일까지 오사카부에 있었다고 한다. 조금만 더 머물다 가라는 어머니 히사에 씨에게 그는 "아르바이트가 있다"고 말하며 고베 시내 연립주택으로 돌아왔다. 그리고 이른 아침 한신·아와지 대지진이 일어났다.

히사에 씨는 지금도 그날 아침을 생각하면 가슴이 찢어지는 것 같다고 말한다.

"처음에는 연립주택에 전화를 걸어도 연락이 닿지 않아서…. 그래도 와타루는 어딘가 친구 집에 가 있어서 무사하지 않을까, 틀림없이 그럴 거야, 하는 식으로 마음을 다잡았습니다. '아직 돌아오지 않네요'라며 서로 연락을 주고받았던 고베대학의 다른 어머니들은 시간이 지난 뒤 '이제 돌아왔어요'라든지 '우리 애는 무사해요'라고 말을 하더라고요…. 그때 저만 계속 '우리 애는 아직 안 돌아오네요' 말했습니다…. 그때의 슬픔과 괴로움이 자꾸자꾸 되살아납니다."

와타루 씨와 연락이 두절된 채 시간만 흐르자 아버지 시게타카(취재 당시 82세) 씨가 오사카에서 연립주택으로 가보기로 했다. 교통이 끊겼으므로 도중에 걸어갈 각오를 했다.

결국 6시간을 걸어서 도착했을 때는 지진 다음날 아침이었

모리 와타루 씨
고베대학 법학부 4학년(당시). 목조 연
립주택 붕괴로 숨졌다.

다. 와타루 씨가 살던 목조 연립주택은 1층 부분이 2층에 짓
눌린 채 붕괴한 상태였다.

　주위에 삽과 잭을 들고 구조활동을 위해 뛰어다니는 사람
이 있었지만 시게타카 씨는 "더 이상 그 연립주택에는 아무
도 없을 것"이라는 말을 들었다. 구조와 수색활동이 끝나 아
무도 없다면 다른 곳을 찾아봐야겠다고 생각하며 그 자리를
떴다가 느낌이 이상해 연립주택으로 돌아왔다. 그리고 온 힘
을 다해 1층 좁은 틈을 가득 메운 건물 잔해를 손으로 치우
기 시작했다. 수십 분 지난 뒤 와타루 씨가 늘 입는 운동복
끝자락이 보였다.

　근처에 사는 연립주택 주인의 도움을 받아 와타루 씨를 끄
집어낸 것은 그러고도 몇 시간이 지난 뒤였다. 시신은 연립

주택 옆 노상에 안치했다. 시게타카 씨는 이미 식어버린 와타루 씨의 손발에 자신이 지니고 있던 주머니난로를 대고 손으로 쓸어가면서 하루 낮밤을 지냈다. 부근에서는 주민들이 행여 잔해 아래에 아직 살아 있는 사람이 있을 경우 1분1초라도 빨리 구해내겠다며 분주히 돌아다녔다. 와타루 씨의 시신은 지진 사흘 뒤 오사카 본가로 돌아왔다.

연립주택 1층을 고른 이유, 효도가 낳은 비극

어머니 히사에 씨에게는 20년이 지나도 잊히지 않는 게 있다.

그는 와타루 씨가 대학에 입학했을 때 함께 방을 구하러 다녔다. 집에서 통학할 것을 권했지만 혼자 생활하고 싶다는 와타루 씨에게 히사에 씨는 맨션이 어떠냐고 물었다. 와타루 씨는 "연립주택으로, 그것도 값이 싼 1층 방이면 충분해."라며 웃는 얼굴로 대답했다. "법학부는 읽을 책이 많으니까 책을 잔뜩 쌓아두려면 1층이 낫다고 하더라고요."

사이가 좋았던 누나 유리 씨는 이렇게 이야기했다. "저에게는 부모님에게 보여준 것과는 또 다른 면을 드러냈습니다. '누나, 나는 책을 더 많이 읽어서 자신을 살찌우지 않으면 안

아들을 잃은 어머니 모리 히사에 씨
"그날의 슬픔과 괴로움이 끝도 없이 되살
아납니다."

돼'라든지 '일주일에 반드시 책 몇 권은 읽어'라든지 하는 과
제를 스스로에게 부여했습니다. 자립하지 않으면 안 된다는
마음을 강하게 갖고 있었습니다."

와타루 씨가 집 대신 자취를 택한 이유도 유리 씨로부터
들었다. "어머니와 같이 있으면 너무 사랑받기만 해서 어른
이 되지 못한다고 말했습니다. 그래서 일부러 떨어져 살고
싶다고요. 그럼에도 그건 부모님께 부담을 주는 거라고도 말
했습니다."

결국 와타루 씨가 선택한 것은 대학 캠퍼스에서 멀어 월세
가 쌌던, 13제곱미터 크기의 부엌 딸린 목조 연립주택이었
다. 그 뒤 연립주택 주인과 친해진 와타루 씨는 거기서 숨질
때까지 4년 간 살았다.

연립주택의 주인이었던 스에요시 다네코(취재 당시 90세) 씨와 시게타카, 히사에 부부는 지금도 연락을 주고받는다. 매년 대학 위령제나 가수로 활동하는 누나 유리 씨의 콘서트 등에서 얼굴을 마주하는데 올해 스에요시 씨가 생각지도 않은 이야기를 꺼냈다. 와타루 씨는 본래 연립주택의 다른 방에 들어갈 예정이었지만 입주 직전 월세가 더 싼 1층 방으로 바꾸었다는 얘기였다.

1층 방에 살던 사람이 갑자기 이사하게 된 것을 안 와타루 씨가 조금이라도 싼 쪽이 좋다며 그 방을 원했다는 것이다. 스에요시 씨조차 잊고 있었던 일인데, 옛날 연립주택의 낡은 서류를 정리하다가 기억이 났다는 거였다. 시게타카 씨와 히사에 씨는 처음 듣는 이야기였다. 우연히 그 자리에 있던 나에게 히사에 씨는 "더 불효하고 사치스럽게 구는 아이였다면 죽지 않았을지도 모르겠네요."라고 혼잣말을 했다.

반복되는 비극, 구마모토에서는 왜…

2016년, 히사에 씨와 시게타카 씨에게 또다시 가슴 아픈 일이 일어났다.

4월 14일부터 16일까지 연속적으로 진도 7의 지진이 덮친 구마모토현 미나미아소촌에서 도카이대학 아소캠퍼스 주변 목조 연립주택이 무너졌다. 붕괴된 주택에 깔린 사람 중 10명 이상이 구출되었지만 학생 3명은 끝내 숨졌다. 18세에서 21세였다. 구마모토 지진에서는 직접사로 인정된 것만 학생을 포함해 50명이었다. 내진 능력이 약한 주택이 붕괴하면서 인명을 앗아간 것이다. 같은 비극이 지금도 되풀이된다.

　이번 취재를 시작할 즈음, 질식사의 진상을 알면 알수록 유족에게 실상을 증언해달라고 부탁하기가 망설여졌다. 소중한 이를 잃은 유족 중에는 '고통 없이 숨졌다' '한순간에 천국으로 갔다'고 믿고 싶어하는 사람이 많다는 이야기를 도쿠시마대 니시무라 아키요시 교수에게서 들었기 때문이다.

　지진 당시 고베시 감찰의를 맡아 200가족 넘는 유족을 만난 니시무라 교수는 사체검안서를 건네줄 때 유족에게서 "고통스러웠을까요?"라는 질문을 많이 받았다. 의학자로서 고민한 결과 그가 내린 결론은 "사고 직후 기절해버리기 때문에 고통은 그다지 느끼지 않았을 겁니다."라고 대답하는 쪽이 그나마 최선이이라는 것이었다.

　그런 상황에서 모리 와타루 씨의 부모님이 건네준 말은 우리에게 큰 버팀목이 되었다. 처음 취재를 요청할 즈음 우리가 "지진으로 인한 죽음의 진상을 밝혀내 그간 알지 못했던 사실을 알려줄 수 있을지도 모른다"고 하자 히사에 씨는 "한 명이라도 더 많은 사람이 지진으로 소중한 사람을 잃는 고통을 알았으면 한다"며 어떤 고통스런 사실이라도 받아들이겠다고 답했다.

시게타카 씨는 "이런 기억을 다른 어떤 부모도 갖게 하고 싶지 않습니다. 그게 전부입니다."라고 말했다. 히사에 씨도 마찬가지로 "이런 일은 두 번 다시 어느 어머니도, 어느 부모도 겪지 말았으면 좋겠습니다."라고 했다.

오사카부 시내의 전망 좋은 고지대에 와타루 씨가 잠든 묘지가 있다. 묘비에 새긴 날짜는 '1995. 1. 17.' 대학 4학년이던 와타루 씨는 취직이 정해진 상태였다. 어릴 때부터 꿈꾸던 전국지 신문기자였다. 하지만 어느 날 갑자기 그 미래를 영원히 뺏기고 말았다.

가족 성묘 동행을 허락받아 초겨울에 와타루 씨의 묘지에 간 적이 있다. 그때 묘비의 날짜를 오랫동안 바라보던 히사에 씨가 짜내는 듯한 목소리로 했던 이야기가 무겁게 울린다. "지진 이후는 그때 이렇게 했더라면 혹은 저렇게 했더라면, 온갖 아쉬움을 이겨내려 애써온 시간이었습니다."

그러고 나서 한 권의 노트를 보여주었다. 거기에는 히사에 씨가 자신의 마음을 다독이기 위해 불렀다는 노래가 몇 곡 적혀 있었다.

> 슬픔이 더할 거라는 걸 알면서도 078*, 078 계속 눌러본다
> 천국은 어딘가요 어딘가요 이 엄마에게 새로운 주소, 전화 가르쳐줘
> 무너진 집에서 가져온 T셔츠, 바지 빨아서 갰다 더는 입지 않는 아이에게
> 가고 나서 바로 23살이던 아이의 사진도 조금 어른스러워졌네
> (* 고베시 전화번호 국번)

평소 말수가 적은 시게타카 씨가 묘비를 앞에 두고 드물게 오랫동안 이야기를 했다.

"와타루는 꿈에 그리던 기자가 되어 천국으로 취재하러 간 것뿐이라고 생각할 때가 있습니다. 그 아이가 죽었다는 것이 아직도 실감나지 않아요. 이 세상에는 더 이상 없지만 마음으로는 실감이…, 모르겠어요. 정말 내일 돌아올지도 모른다는 생각, 모든 걸 알면서도 부모 마음이 그렇습니다."

이후 반년 정도 지난 2016년 6월, 투병 중이던 시게타카 씨가 자택에서 조용히 숨을 거두었다. 죽기 며칠 전 다니던

데이터 지도에서 하얀 동그라미가 와타루 씨가 숨진 연립주택
그 지역은 학생 거주용 목조 연립주택이 몰려 있어 근처에서 20대 젊은이 31명이 건물 붕괴로 숨졌다.

교회의 목사에게 "드디어 와타루를 만날 수 있다니 기다려집니다."라고 말했다고 한다.

데이터 지도를 보면 와타루 씨의 연립주택 주변에서 31명의 또 다른 20대 젊은이가 질식사한 것으로 파악된다. 한신·아와지 대지진에서는 고베대학에서 39명, 고난대학 16명, 간사이대학 15명, 당시 고베쇼센대학에서 5명 등 많은 학생이 숨졌다. 취재팀이 추적조사를 한 결과, 고베대학에서 희생된 학생 39명 가운데 적어도 25명이 와타루 씨처럼 1층에 살다 무너진 건물에 깔려 숨진 것으로 밝혀졌다.

목숨을 지키기 위해 취할 수 있는 조치들

지진으로 인한 질식사의 비극을 막는 확실한 방법이 있다. '건물 내진화'이다. 기존 목조주택에 내진 보강공사를 해서 한신·아와지 대지진 급에도 무너지지 않도록 대비하는 것은 충분히 가능하다.

문제는 그것을 차일피일 뒤로 미룬다는 점이다. 지진 대국 일본이지만 집이 무너질 듯 커다란 흔들림을 실제 몸으로 겪은 사람은 그리 많지 않다. 그 때문에 내진 보강공사를 아직도 남의 일로 여겨 미루는 사람이 많은 듯하다.

그런 분들에게 꼭 보여주고 싶은 동영상이 있다. 내진 보강을 하지 않을 경우 어떤 일이 발생하는지 한눈에 알 수 있는 실험영상이 국립연구개발법인 방재과학기술연구소 효고 내진공학연구센터 홈페이지에 공개되어 있다(http://www. bosai.go.jp/hyogo/index.html에서 '가진加震실험영상'으로).

이 실험에서는 일반 공법으로 지은 목조주택(실물 크기)에 한신·아와지 대지진 급의 진동을 가해 어떻게 붕괴하는지를 기록했다. 내진 보강을 한 주택과 그렇지 않은 주택을 두 개의 화면으로 비교해 보여주는 영상은 매우 설득력이 있다. 우리는 취재 중 많은 사람들에게 이 동영상을 소개했는데

"우리 집은 낡아서 어차피 내진 보강을 해도 무리일 거라고 생각했다." "지금 집에 내진 보강을 하는 것만으로도 이 정도로 견딜 수 있는 건가?"라며 놀라는 사람들이 많았다. 국토교통성에 따르면 진도 7에 가까운 흔들림으로 붕괴할 우려가 있는 위험한 건물은 현재 일본 전국에 약 900만 채가 있다고 한다.

대지진은 충격이 크지만 '빈도가 낮은' 재난이라고 생각하기 쉽다. 그러나 통계에 따르면 규모 7.0급 지진은 9~10년에 한 번은 일본 어딘가에서 일어난다. 많은 지진 희생자를 만난 도쿠시마대학의 니시무라 아키요시 교수는 다음과 같은 대비를 확실하게 하는 것이 살아남은 사람들의 의무라고 강조한다.

"지진으로 숨진 사람들이 다음 세대까지 자신들처럼 죽어도 좋다고 생각할 리가 없어요. 숨진 사람들이 말을 할 수 있다면 두 번 다시 같은 비극이 일어나지 않도록 대비하라고 당부할 겁니다. 그들이 남긴 것을 교훈으로 삼는 게 지진과 관련 있는 사람의 책임이겠지요. 저도 마찬가지입니다."

일본 열도에 사는 한 언젠가 겪게 될 대지진. 소중한 가족의 목숨을 지키기 위해 지금 당신이 나서야 하는 일이 분명히 있다.

피해 없는 맨션에도 사망자가
— 현대문명에 대한 경고

아날로그 자료가 전하는 무게감

1995년 발행된 많은 주택지도, 두꺼운 보고서와 지자체가 발행한 지진 기록, 신문의 축쇄판부터 정겨운 표지의 주간지들. 그 중에는 〈FOCUS〉(신초샤)나 〈아사히그래프〉(아사히신문사) 등 지금은 휴간한 잡지까지 있었다. NHK 오사카방송국 취재팀의 작업실에는 그러모은 20여 년 전의 종이 자료가 산더미를 이루었고 우리는 매일 그것과 사투를 벌였다.

한신·아와지 대지진 당시는 지금과 달리 컴퓨터도 인터넷도 거의 보급되지 않았다. 휴대전화의 세대당 보급률은 10퍼센트, 연간 한 번이라도 인터넷을 사용한 적이 있다고 답한 사람이 불과 9퍼센트(총무성 통신동향조사)이던 시절이었다. 중요한 것은 모두 '아날로그'로 남아 있었다.

아와지시마의 의사가 마을 사람에게 어떤 상황에서 부상했는지를 물어 파악한 기록집은 손으로 쓴 정성스런 자료였다. 아시야시의 학교에서 지진 피해를 당한 학생들이 만든 문집은 워드프로세서로 편집해 몇 번이고 복사한 것이었다. 그 밖에도 어느 피난소에서 매일 무슨 일이 일어났는가를 기록한 일지, 수도회사가 복구에 나선 기록 등 다양했지만 어느 자료에서든 지진의 진실을 올바르게 기록하자, 세세한 부분도 허술하게 다루지 말자는 기백과 열정만은 한결같이 느껴졌다.

색연필 44만 채 조사에서 충격적인 사실이

그 결정판이라고 할 수 있는 것이 1장에서 소개한 '건물 지진 피해 44만 채 조사 데이터'이다.

이것은 피해 지역 7개 시와 3개 정(아와지시마에서 고베시, 가와니시시) 범위에 있는 44만 3,000채의 건물이 어느 정도 피해와 손상을 입었는가를 '7분류(전파·대파~피해 없음)'로 판정해 기록한 자료이다(응급위험도 판정과 이재 증명 등의 근거가 되는 피해도 판정과는 다른 학술적인 기준). 일본건축학회·도시계획학회·효고현이 중심이 되어 한 채 한 채 건물의 파괴 정도를 실제 눈으로 보고 기록했다. 시작은 1995년 1월로, 건물 철거나 수리작업이 시작되기 전에 전국에서 교수와 학생들이 일제히 모여 시간을 다투어가며 44만 채를 조사했다.

놀라운 것은 그 기록 방식이다. 조사에 관계했던 효고현립 대학 후쿠시마 도오루福島徹 교수(도시계획)에 따르면 주택 지도를 복사해서 늘린 종이를 제도판에 붙여 색연필로 한 채 한 채 피해 정도에 따라 일곱 색으로 구분해 칠했다고 한다. 전기와 수도가 끊어지고 도로는 끊기고 전차도 다니지 않는 피해 지역을 걸어서 돌아야 하는 어려운 조사였지만 "모두 사명감에 이끌려 움직였다"고 한다. 스마트폰도 태블릿 단말기도 없던 시절, 비가 내리면 젖지 않도록 필사적으로 복사본 지도를 지켰다. 그것을 이어 붙인 커다란 종이가 '원본'이 되어 현재 유일무이하게 귀중한 지진 피해 기록으로 소중하게 보관돼 있다.

총 44만 채라는 방대한 데이터 양 때문에 지금까지는 일부 지역 결과만 끄집어내 비교 연구와 조사에 사용한 경우가 대부분이었다. 이번에 우리는 그 데이터를 모두 디지털화해서 전체적으로 분석하는 일에 도전했다. 각각의 데이터 검증을 넘어 복수의 데이터를 결합해 현재에 의미 있는 지진 피해의 새로운 교훈을 찾아내는 것이 취재의 큰 주제였기 때문이다. 복수의 데이터를 디지털로 결합한 덕분에 건물의 피해 정도(전파)와 질식사의 밀접한 연관성 등이 밝혀졌지만 실은 한 가지 더 충격적인 사실이 있었다.

왜? 피해 없는 맨션에서 나온 희생자

피해가 전혀 없는 맨션에서도 두 명의 희생자가 생긴 것이다. 도대체 무슨 일이 일어난 것일까.

그것은 건물 피해도 44만 채 조사 데이터의 색깔 구분 지도를 디지털화해서 고베시와 그 주변 지도 위에 표시해 거기에 5,036명의 희생자 자료를 중첩해보았을 때 제기된 의문이었다. 건물 피해도 색깔 구분 지도에서 전파는 '빨간색', 경미한 손상은 '노란색', 피해 없음은 '파란색'으로, 건물 한 채마다 구분해서 색칠을 했다. 지도에서 눈에 띄는 것은 역시 '빨간색'=전파다. 빨간색은 특히 흔들림이 컸던 고베시 나가타구~나다구~히가시나다구 주변에 집중해 있었고 희생자가 나온 장소를 알려주는 표시와 겹치는 곳이 매우 많았다.

한편 '파란색'=외관상 피해가 없는 건물은 전체의 51퍼센트였다. 진원에서 멀리 떨어질수록 많아져 고베시 바깥쪽으로 파란색 건물만 보이는 지역도 있었다. 그런데 전체를 주의 깊게 살펴보자 특이한 곳이 눈에 띄었다. 건물은 파란색인데 희생자가 둘이나 겹친 장소가 나온 것이다. 피해가 없는 건물에서 둘이나 숨겼음을 의미한다. 주택지도에서 찾아보니 그곳은 새로 지은 맨션이었다.

게다가 자세히 살펴보니 같은 사례(건물이 파란색인데 희생자가 나온)가 221건이나 나왔다는 사실이 파악되었다. 그 221건에는 '화재'가 원인인 사망이나 불에 타서 죽은 경우는 포함되지 않았다. 아무리 피해가 없는 건물이라도 화재에 휩싸이면 당연히 그 건물에서 사상자가 나올 수 있다. 그러나 색 구분 지도에서 화재가 난 건물은 파란색이 아닌 '흰색'으로 표시었다. 화재도 나지 않고 손상도 없는 건물에서 숨진 사람이 나오다니. 도대체 무슨 일이 있었던 것일까.

사실 이 의문은 지진 직후에도 제기되었다. 1996년 논문에서 '피해 없는 건물 내 사망자 다수가 공동주택에서 발생한 점 등도 향후 상세하게 밝혀가야 할 과제'(미야노 미치오宮野道雄 오사카시립대·오니시 가즈요시大西一嘉 고베대) 같은 문제 제기를 했지만 그 이후 복구와 마을 재건 등 우선 과제에 밀려 상세한 분석은 거의 진행되지 않았다고 한다.

우리는 데이터에 오차나 잘못이 없는지를 먼저 검증하기로 했다. 점검할 것은 두 가지였다. 희생자의 주소가 정말 거기였는지와 건물 피해 기록이 정확한지였다. 어느 한 쪽만 틀려도 검증은 의미가 없어진다. 과거의 신문기사 추도란(당시 숨진 사람의 이름과 주소를 경찰이 발표해 신문이 일람으로 게재했다)과 주변 탐문 취재를 동시에 진행했다. 또 전자지리정보에 밝은 나라대학대학원 사이토 유타齊藤優太 씨의 도움을 받아 다른 조사 자료와 영상을 찾아낸 후 건물 피해도를 재확인했다.

결론적으로 221건 중 주소 기재 잘못(번지 숫자를 잘못 쓰는 등)이나 건물의 피해 판정 오류(옆 건물을 보고 색을 칠한다든지 등)로 보이는 사례는 제외했지만 그래도 100건은 '피해 없는 건물에서 사람이 숨진' 것이었다. 건물 피해가 없었음에도 아이를 잃은 부모가 당시 남긴 상세한 증언이 있었다.

10세 남자아이가 자기 방에서…

효고현과 오사카부 접경인 이타미시에 그 맨션이 있었다. 지은 지 얼마 되지 않은 2층 건물에 10세대가 입주해 있었다. 지진으로 건물은 어느 정도 흔들렸지만 44만 채 조사에서는 '외관상 피해 없음'으로 판정되었다. 실제로 벽에 금이 간 곳조차 없었다고 한다.

그 맨션 1층 방에서 10세 남자아이가 숨졌다. 야마오카 겐山岡健(가명) 군은 축구를 좋아하는 초등학교 4학년이었다. 지진 당일 겐 군은 아이들 방에서 세 살 아래 남동생과 둘이 자고 있었다. 아이 방은 길쭉한 모양의 약 10제곱미터 넓이였다. 문을 열고 들어서면 정면에 창문이 있고 왼쪽 벽에 책상과 책장과 수납함이 일렬로 늘어서 있었다. 책장은 아이들도 손이 닿을 수 있는 160센티미터 높이였다. 형제는 언제나 오른쪽 빈 공간 바닥에 요를 나란히 깔고 사이좋게 잤다.

지진으로 땅이 흔들리는 순간 넘어진 책장이 겐 군의 머리를 덮쳤다. 부모가 불렀지만 반응이 없었다. 병원으로 옮기고 2시간 후에 숨을 거두었다. 사인은 뇌타박상이었다. 상하 2단을 겹쳐 쌓은 책장은 흔들림으로 인해 윗부분이 미끄러지듯 떨어졌다. 옆에서 자고 있던 동생은 무사했다.

가구가 넘어지며 발생하는 몰랐던 위험

오사카시립대학의 이쿠타 에이스케生田英輔 강사(생활방재학)는 넘어진 가구로 인해 숨지거나 다칠 위험을 과소평가하고 있다고 경고한다. 이쿠타 강사는 지진 피해 지역에서 가구가 넘어진 것을 경험한 200세대를 탐문 조사했다. 이후 직접 개발한 인체 모델을 이용해 가구 넘어짐 실험을 거듭한 끝에 흉기가 되기 쉬운 가구의 특징을 골라냈다. 한신·아와지 대지진 당시 실제 크게 부상당하거나 사망한 정보를 모아보니 특히 위험한 것은 높이 180센티미터 이상, 폭 50센티미터 이상의 가구였다. "어느 가정에나 있을 법한 물건으로 책장, 옷장, 식기장, 냉장고가 이에 해당합니다. 높이가 높은 가구는 자연히 무게도 나가기 때문에 위험합니다."

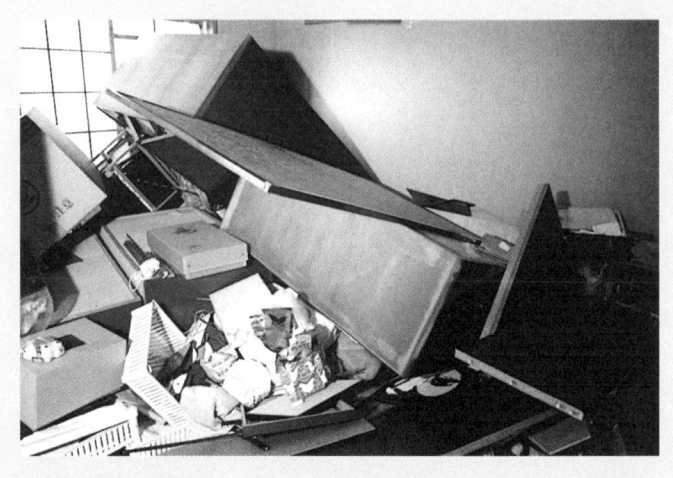

흉기로 변하는 생활용품들
피해 없는 건물에서 사람이 숨지는 원인의 하나로 넘어지는 가구와 가전에 강하게
맞는 경우를 들 수 있다. 생활용품도 얼마든지 흉기가 된다.

 이쿠타 강사의 실험에서 높이 180센티미터, 폭 90센티미터의 일반적인 책장에 책을 꽂았더니 전체 무게가 100킬로그램을 넘었다. 자고 있는 사람의 다리와 팔 위로 책장이 넘어지면 골절, 가슴과 배 위에 얹히면 질식, 나아가 타박에 의한 사망으로 이어질 가능성이 농후하다.

 실제로 가구는 어느 정도 빈도로 넘어지는 것일까. 사체검안서의 데이터에는 기록이 부족한 상황이라 가구가 원인이 되어 사망했다고 단정할 수 있는 경우는 적다. 참고가 된 것은 이쿠타 강사가 중상으로 병원에 이송된 754명을 대상으로 부상의 직접 원인을 조사한 자료였다. 이 자료에 따르면 754명의 중상자 중 382명이 '가옥'에 따른 부상(51퍼센트), 372명이 '가구'에 의한 부상(49퍼센트)이라고 답했다. 즉 '가구' 하나만으로도 중상에 이른 경우가 적지 않았다. 가구가 사망 원인이 될 수도 있는 것이다.

'생활방식'으로 위험을 막는다

지진이 날 경우 확실하게 생명의 안전을 지키기 위해서는 튼튼한 건물이라는 하드웨어적 대책이 매우 중요하다는 건 두말 할 나위가 없다. 여기에 더해 일상의 '생활방식'이나 '주거방식'에 신경 쓰는 것도 빠뜨릴 수 없다.

구체적으로 어떤 대목에 신경을 써야 할까. 이쿠타 강사는 특히 두 가지 점을 강조한다. 우선 키가 높은 가구에 대한 대책이다. 어디서부터 손을 대면 좋을지 고민하는 사람을 위해 그는 알기 쉬운 기준으로 다음과 같은 방법을 제안한다. "자신의 키와 비교해보는 겁니다. 그보다 높은 가구(가전)를 집 안에서 찾아 먼저 고정해야 해야 합니다. 나아가 자신의 키 절반보다 높은 가구(가전)에도 같은 대책을 하는 것이 바람직합니다."

이쿠타 강사는 침실에 가구를 두지 않는 것도 매우 중요하다고 말한다. "침실은 하루 생활의 약 3분의 1이라는 긴 시간을 보내는 공간입니다. 게다가 누구나 바닥과 가까운 곳에 머리와 가슴·배를 둔 채 무방비 상태에 놓일 위험이 있습니다." 침실 안전만 제대로 갖춰도 "인생 3분의 1의 방재 대책이 된다"는 말도 그는 덧붙였다.

한신·아와지 대지진 당시 고층 맨션에서는 높은 층으로 갈수록 가구가 넘어지는 비율이 높았다는 조사 보고도 있었다(일본건축학회 건축계획위원회 〈한신아와지대지진·주택내부피해조사보고서〉 1996). 앞으로 장주기長周期의 큰 흔들림이 예상되는 도카이지진·도난카이東南海지진 등 난카이 해구의 거대지진 등에서는 더욱 심각한 피해가 예상되므로(내각부 〈난카이 해구에 면한 거대지진에 따른 장주기 지진 운동에 관한 보고〉) 시급한 대책이 필요하다고 그는 말한다.

가구 고정, 지자체 지원 활용을

그다지 알려지지 않았지만 지자체 중에는 내진 보강만이 아니라 '가구 고정' 지원 제도를 갖춘 곳도 있다. 예를 들어 고베시에서는 65세 이상 노인이나 초등학생 이하 어린이가 있는 등 일정한 조건을 충족하는 세대에 대해 비용의 절반(상한 1만 엔)을 지원하는 제도가 있다. 이에 더해 고정 작업을 직접 할 수 없는 세대에 '가구 고정 전문가'를 보내주는 사업도 펴고 있다(2016년 현재). 비슷한 지원 제도를 오사카부 스이타시, 요코하마시, 도쿄도 마치다시, 시부야구, 아다치구 등 여러 지자체가 마련해 노인 세대를 중심으로 이용 안내를 하고 있다(이용 조건은 지자체마다 다르다. 해당 부서로 가서 최신 정보를 확인해야 한다).

만약 지진이 일어난다면 익숙한 집 안이나 학교, 직장이 어떤 모습이 될까를 상상하면서 고쳐가는 것이 지진에도 지지 않는 '생활방식'의 첫 걸음이다.

3장

시간차 화재의 위협
– 지진 발생 1시간 이후

시간차 화재, 그 정체를 밝히다

지진이 발생하고 약 1시간 후인 오전 7시. 그 시간에 피해 지역에서는 무슨 일이 일어났을까. 검안서에 따르면 그 시간대에 생존한 사람은 약 900명이다. 지진 당일 숨진 사람 5,036명 중 약 20퍼센트는 질식사를 피해 아직 살아 있었을 가능성이 높은 셈이다.

살아남은 사람 대부분은 무너진 주택에 깔려 있었을 것으로 추정된다. 잔해 속에서 그들은 무엇을 생각했을까? 살아남은 것에 안도하면서 한편으로 1분1초라도 빨리 구조되기를 기다렸을까? 어쩌면 가족이나 이웃의 도움으로 이제 막 구조의 손길과 닿으려던 사람도 있었을 것이다.

그런 상황에서 그들에게 생각지도 못한 일이 덮친다. 지진 직후로부터 얼마간 시간을 두고 발생한 화재이다. '시간차 화재'가 차례차례 일어난 것이다. 이 화재는 지진 지역에 커다란 피해를 안겼다. 시간차 화재를 살펴보기 전에 시간을 되돌려보자. 지진 발생 직후에도 피해 지역에서는 이미 많은 화재가 발생했다.

출동한 소방대원들은 동시다발로 발행한 화재에 온 힘을 다해 대처했지만 초동 진화를 감당하기에는 손이 턱없이 모자랐다. 또 소화전이 파괴되는 바람에 화재현장을 망연히 바라볼 수밖에 없었다고 이야기하는 사람도 적지 않았다. 그리고 화재 진압에 손을 빼앗기는 바람에 구조활동에도 지장이 생겼다.

거기에 치명타라도 날리듯 발생한 것이 시간차 화재였다. 시간차 화재는 도대체 어느 정도나 발생한 것일까. 이번 검증의 토대로 삼은 것은 각 지자체 소방 담당에 남아 있던 기록과 당시 전국에서 현지로 투입된 일본화재학회 전문가들의 꼼꼼한 조사 기록이었다. 대략적인 사실 관계를 기록한 이 자료들은 경우에 따라 화재 발생지 주소가 동네 구별만 가능할 정도로 표기돼 자세한 장소를 알 수 없거나 화재 원인이 기재되지 않은 경우도 허다했다. 우리는 이런 여러 기록들을 모아 일일이 대조하면서 화재 발생 시간, 발생 장소, 발생 원인 등을 새롭게 통합한 자료를 만들어 검증했다.

그림 5 **지진 당일 발생한 화재(시간 단위로 분석)**

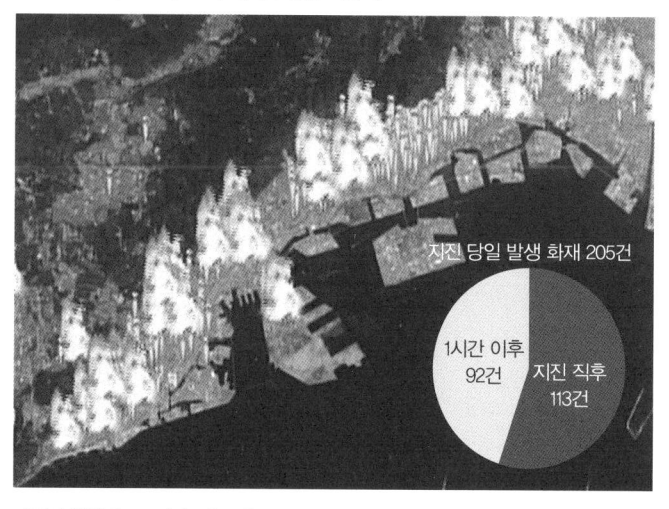

지진 당일 발생 화재 205건

1시간 이후
92건

지진 직후
113건

지진이 발생하고 1시간. 생존자는 911명. 이 사람들을 덮친 것이 시간을 두고 발생한 화재였다. 지진 발생 1시간 뒤에 일어난 화재는 92건이나 됐다.

지진 당일 일어난 화재는 총 205건. 효고현에서 1년간 일어난 화재 건수가 1,800건 정도였기 때문에 심상치 않은 양이다. 그리고 고베시에서 1년 간 일어난 화재 건수는 500건 안팎이니, 40퍼센트에 이르는 화재가 불과 하루에 발생한 것이 된다.

우리는 화재 발생 시간에 주목해 자료를 분석해냈다. 지진 발생 1시간 이내는 지진의 흔들림에 따라 일어난 화재로 본다. 그 건수는 113건이었다. 전체의 55퍼센트이다. 한편 지진이 있고 1시간 이후에 발생한 건수는 92건이었다. 절반 가까운 화재가 시간이 얼마쯤 지난 뒤 발생한 셈이다.

한신·아와지 대지진의 화재와 관련해 사람들의 머릿속에 가장 먼저 떠오르는 장면이 지진 직후 불에 휩싸인 거리를 담은 영상이다. 나 역시 당시의 화재가 전부 지진 직후에 일어났다고 생각했다. 그 짐작은 절반만 맞았던 것이다.

이 시간차 화재에 휘말려 숨진 사람이 적지 않았다. 화재 발생 시간과 소방 당국에서 발표한 사망자 숫자를 맞춰보니 그 수는 85명으로 추정됐다. 도대체 왜 화재가 뒤늦게 발생한 것일까? 그 전에 목숨을 구하기는 불가능했던 것일까?

추가로 자료를 검증하면서 한 가지 더 놀라운 사실을 알았다. 당일 발생한 대규모 화재 다수가 '원인 불명'이었던 것이다. 왜일까? 당시 화재 조사를 맡았던 고베시 소방 당국의 한 대원은 이렇게 증언한다. "대규모 화재일수록 불탄 자리의 손상이 심해서 충분한 조사를 할 수 없었다. 당시의 혼란 속에서 수백 건 넘는 화재 현장을 하나하나 꼼꼼히 조사하는 것은 시간적으로도 인력으로도 무리였다."

말하자면 당시 일어난 대규모 화재는 대부분 제대로 검증되지 않았다는 것이다. 그렇다면 다음 대지진에서도 다시 '시간차 화재'가 발생할 가능성이 있지 않을까. 그 화재의 정체를 밝혀낸다면 다음 대지진에서 살아남기 위한 힌트를 얻을 수 있지 않을까. 그래서 우리는 '시간차 화재'에 초점을 두고 취재를 시작했다.

시간차 화재의 피해를 본 지역, 나가타구

역에서 내리자 그곳은 현대식 맨션이 늘어선 마을로 탈바꿈해 있었다. 고베 중심인 산노미야에서 전철로 10분, 화재로 가장 많은 사망자가 나온 고베시 나가타구였다. 현재 인구 9만 7,000명. 성냥과 고무, 합성피혁 신발 등 지역산업을 기반으로 상점가와 소매시장이 이어진 고베의 서민 지역이다.

나가타구의 피해를 되돌아보자. 지진으로 숨진 사람은 약 920명, 전·반파한 가옥의 숫자는 약 2만 3,000채, 화재로 불탄 면적은 52만제곱미터에 이른다. 이것은 고베 시내 화재 면적의 약 60퍼센트였다. 숫자로만 보더라도 엄청난 피해라는 걸 한눈에 알 수 있다.

나가타구 주민들은 불타버린 자리에서 다시 일어나 복구를 위해 애썼다. 지자체가 주도한 개발이 진행돼 맨션과 상업시설이 차례로 들어섰다. 그러는 동안 서민 냄새 물씬 나던 거리 모습이 근대적인 마을로 바뀌었다. JR신나가타역 가까이 있는 와카마쓰若松공원 광장에는 고베시 출신 만화가인 고 요코야마 미쓰테루橫山光輝의 만화 〈철인 28호〉의 거대한 기념물이 지진 복구의 상징으로 세워져 있다.

신나가타역에서 걸어서 얼마 떨어지지 않는 곳에 다이쇼스지大正筋 상가가 있다. 이곳도 21년 전 화재에 휩싸였는데, 그 면적이 7만 2,295제곱미터에 이르렀다. 다이쇼스지 상가를 덮친 화재도 뒤늦게 발생한 '시간차 화재'였다. 소방 기록에 따르면 지진이 발생하고 약 4시간 뒤에 일어난 화재라고 한다. 그 기록을 증명하는 증언이 NHK 당시 뉴스 영상에 남아 있었다.

지진 당일 촬영된 영상에는 다이쇼스지 상가 한 편이 심하게 불타오르고, 사람들이 가재도구를 들고 가게를 황급히 빠져나와 피난하는 모습이 담겨 있었다. 이 테이프에 남은 시간 표시를 보면 촬영 시간이 낮 12시쯤이었다. 현장이 심하게 불타오르고 있었으므로 화재가 나고 얼마쯤 시간이 지난 상태로 보였다.

영상에는 주민의 귀중한 증언도 들어 있었다. 60대로 보이는 남성이 "불은 언제쯤 났는가?"라는 기자의 질문에 이렇게 대답했다. "글쎄, 10시쯤부터 타기 시작한 것 같아." "지진 직후에는 화재 같은 건 없었나?" "지진 직후에는 아무것도

JR신나가타역(사진 왼쪽 위) 주변의 항공사진
다이쇼스지 상점가(사진 오른쪽 아래)에서 심하게 검은 연기가 피어오르고 있다. 이 화재도 지진 직후가 아니라 뒤늦게 발생한 것이었다.

없었어. 그 뒤 일이야!" 말 그대로 뒤늦게 발생한 화재였다.

당시 화재 발생 직후 모습을 목격한 또 다른 사람은 없을까. 상가와 소방대원을 찾아다니며 증언을 모았다. "이제 와서 왜 지진을…." 하며 처음에 나를 수상하게 여기던 사람들도 차츰 지진 당시의 기억을 되살려내 여러 이야기를 들려주었다. 화재의 원인과 관련해서는 여러 소문이 떠돌았지만 그 이상 정확한 사실을 알 수는 없었다.

시간차 화재에 휘말린 여성이 있었다

당시 다이쇼스지 상가 화재로 숨진 사람은 5명으로 기록돼
있었다. 그 중 여성 한 명의 이름을 신문과 당시 자료에서 알
아냈다. 야부시타 아사코薮下朝子 씨. 나가타구 다이쇼스지 상
가에서 한 블록 들어간 거리에서 문화주택이라고 부르는 연
립주택 1층에 살던 사람이다.

혹 그녀의 지인이 없을까 싶어 우리는 상점가 사람들과 근
처 주민을 찾아다녔다. 취재가 어려웠다. 20여 년이나 지났
으니, 그 시절 이웃과 활발하게 교류하던 세대 중에는 세상
을 떠난 사람도 적지 않았다. 게다가 당시의 주택이 거의 남
아 있지 않아서 지인의 이름을 알아도 지금 어디 사는지 파
악할 수 없는 경우가 대부분이었다. 21년이라는 세월의 무게
를 절실히 느꼈다.

다이쇼스지 상가를 계속 찾아가 취재하던 중 마침내 당시
의 지인 이야기를 해주는 사람을 만났고, 야부시타 씨 옆 호
실에 살던 여성이 현재 거주하는 곳을 알아낼 수 있었다. 야
부시타 씨가 살던 집에서 조금 떨어진 곳에 있는 현영주택에
서 산다고 했다.

초인종을 누르자 나이 많은 여성이 나왔다. "누구세요?"

야부시타 아사코 씨
당시 다이쇼지 상점가 가까이 연립주택
에서 뒤늦게 발생한 화재에 휘말렸다.

"NHK에서 나왔습니다. 한신·아와지 대지진 취재를 하고 있습니다. 당시 다나카 씨의 옆 호실에 살던 야부시타 씨에 대해 알고 싶습니다만 기억하고 계십니까?" "야부시타 씨? 아, 잘 압니다. 사이가 좋았거든요."

여성의 이름은 다나카 미에田中美枝 씨였다. 87세였지만 나이를 짐작하기 어려울 만큼 발랄한 인상이었다. 21년 전의 일이지만 마치 어제 일처럼 야부시타 씨의 일과 자신의 지진 피해 경험을 들려주었다. 길고도 안타까운 이야기였다.

다나카 씨가 야부시타 씨를 처음 만난 것은 지진 피해가 일어나기 10년 정도 전이었다. 먼저 야부시타 씨가 그 연립주택에 살고 있었고 그 뒤 다나카 씨가 옆 호실로 이사 왔다고 한다. 다나카 씨는 신발을 팔고 있었다. 나이도 비슷해서 두 사람은 사이좋게 지냈다. 매일 함께 커피를 마시러 가거나 가까운 시장에 장을 보러 갔으며, 때로는 서로의 집에서 식사를 할 정도로 친밀했다.

두 사람의 생사를 가른 것은 무엇이었을까

지진이 발생한 날, 두 사람에게는 무슨 일이 있었던 것일까? 보통 때라면 자고 있을 시간이었지만 지진이 일어난 오전 5시 46분 직전에 다나카 씨는 우연히 잠에서 깨어났다. "화장실에 가고 싶어서 일어났던 거예요. 화장실로 가려 하는데 콰앙, 하고 지진이 오더라고. 덜컹덜컹 덜컹덜컹 하다가 '으아!' 하는 사이에 쿵 하고 온 거지. 2층이 내려앉아 그대로 아래에 깔려버렸어."

다나카 씨와 야부시타 씨가 살던 연립주택은 지진으로 무너졌다. 두 사람은 건물 더미에 깔렸다. 다나카 씨는 기둥에 발이 끼어 반듯이 누운 상태로 갇혀버렸다. 다나카 씨가 어떻게든 빠져나오려고 발버둥치는 동안 사람 목소리를 들었다. "야부시타 씨 목소리가 들렸어요. 가느다란 소리였지만 필사적으로 '살려줘 살려줘 구해줘' 하고."

다나카 씨는 잠시 버둥거리다가 어찌어찌 발을 기둥에서

빼냈다. 무너져 내린 건물 잔해를 기듯이 올라가자 길거리 쪽으로 틈이 나 있는 게 보였다. 건물 잔해 틈을 깁기라도 하듯 이리저리 움직여 밖으로 나가는 데 성공했다.

　주변 풍경이 완전히 바뀌어 있었다. 밖에서 보니 연립주택은 1층 부분이 2층에 눌려서 납작해진 형태였다. 그리고 그 안에 야부시타 씨가 깔려 있었다. 그러나 밖에서는 모습도 보이지 않고 목소리도 들리지 않았다. 어떻게 구해낼 방도가 없을까…. 그러나 눈앞의 연립주택 상태로는 장비나 도구도 없는 상태에서 여자 혼자 힘으로 도저히 구해낼 도리가 없었다. 다나카 씨는 지나가던 남자에게 도움을 청했다.

　"'야부시타 씨의 목소리가 들렸다고, 안에 있을 것 같은데 어떻게 해볼 수 없겠나' 하고 말했더니 '아이고 더 이상 어떻게 해볼 수 없어요' 하더라고." 몇 명에게 도움을 청했지만 모두 같은 대답이었다. 낡은 건물이 많았던 나가타구에서는 건물 붕괴 피해도 커서 야부시타 씨처럼 산 채로 건물 안에 묻힌 사람들이 적잖았다.

　다나카 씨는 잠시 도움 청하기를 포기할 수밖에 없었다. 근처 사람과 함께 가까운 온천 시설로 피난한 다나카 씨가 야부시타 씨의 일을 걱정하고 있는데 갑자기 누군가 "불이야." 하고 외치는 소리를 들었다.

서둘러 밖으로 나가 살펴보니 상가 쪽에서 불길이 치솟았다. "'불이야' 하고 누가 말하자 모두 '어디야' '어디야' 하고 물었지. '피하지 않으면 안 돼' 하고 말해서 거기를 떠났어요." 화재 현장과 거리는 불과 수백 미터. 다나카 씨는 자신이 살던 연립주택이 불타는 것을 곁눈질하면서 필사적으로 다음 피난처로 향했다. 이후 야부시타 씨가 어떻게 되었는지는 한동안 알지 못했다.

그 뒤로 오랜 세월이 흘렀다. 다나카 씨는 지금도 야부시타 씨를 구하지 못한 것을 후회한다. "어떻게 해볼 도리가 없었을까, 하는 생각이 문득문득 떠올라서 정말 힘들었어요. 왜 나만 살아나왔을까 하는 죄책감. 지금도 야부시타 씨의 '살려줘'라던 목소리가 생생하게 기억나요. 그래서 괴로워요. 어찌 해볼 수가 없었기 때문에." 그렇게 말하고 다나카 씨는 고개를 떨궜다.

두 사람의 생사를 가른 것은 무엇이었을까. 다나카 씨는 지진 직전에 우연히 깨어났지만 자신이 누워 있던 자리로 옷장이 넘어졌다. 만약 보통 때처럼 자고 있던 상태였다면 그녀도 옷장에 깔려 빠져나올 수 없었을지 모른다. 살아날 수 있었던 것은 지극히 작은 우연이었다.

한 장의 충격적인 사진

취재 말미에 다나카 씨는 문득 생각난 듯 어떤 잡지를 책꽂이에서 꺼내 보여주었다. 마이니치신문사의 한신·아와지 대지진 다큐멘터리를 담은 무크지(《한신대지진 전기록(1995년 효고 남부 지진) 완전종합판》 1995년)였다.

"여기에 야부시타 씨가 실려 있어요." 다나카 씨는 그렇게 말하면서 책장을 넘겼다. 그리고 한 장의 충격적인 사진이 눈에 들어왔다. 지진이 나고 얼마 지나지 않았을 때 찍은 것일까. 화재가 난 자리와 건물 잔해를 배경으로 수염을 기른 중년 남성이 슬픈 표정으로 발포스티로폼을 들고 서 있었다. 자세히 보니 발포스티로폼 속에 무언가가 들어 있었다. 야부시타 씨의 유골이었다. "지진 후 얼마쯤 지났을 때였어요. 야부시타 씨 일이 잡지에 실렸다는 이야기를 이웃에게 들었어요. 서점으로 달려가 이걸 보고서야 비로소 야부시타 씨가 숨졌다는 것을 알았어요."

유골을 든 남자는 야부시타 씨의 남동생이라고 했다. 다나카 씨도 식사를 같이 한 기억이 있다고. "슈, 슈 라고 부르면서 동생을 아주 귀여워했어요. 그때 야부시타 씨의 '살려줘' 소리를 들었다는 이야기는 너무 괴로워서 가족에게 차마 전

누이의 유골 상자를 든 동생
불타버린 연립주택에서 야부시타 씨는 알아볼 수 없는 모습으로 발견되었
다. 유골은 남동생의 품에 안겼다.

하지도 못하고….”

이번 한신·아와지 대지진 취재를 하면서 처음 접한 생생한 증언이었다. 사람의 슬픔과 괴로운 기억은 20년 세월로는 치유되지 않는 것일까. 아니 평생 사라지지 않을지도 모른다. 한 가지 생각이 떠올랐다. 야부시타 씨의 가족으로부터 이야기를 더 듣고 싶어진 것이다. 다나카 씨가 기억하는 한 야부시타 씨는 아와지시마 출신으로 여러 형제자매가 있었다고 한다. 그러나 정확한 주소와 이름은 다나카 씨도 알지 못했다. 그래서 어떻게 되었을까….

야부시타 씨의 여동생. 지금도 슬픔을 안고 있는 유족

여러 차례 다나카 씨를 만나는 동안 그는 야부시타 씨 가족과 관련된 기억을 조금씩 되살려냈다. 그 중 하나가 야부시타 씨에게 여동생이 있었다는 사실이다. 과거 나가타구에 인접한 효고구의 이나리 시장에서 식당을 운영했는데, 다나카 씨도 야부시타 씨와 함께 그곳에 가서 식사한 적이 있다고 전했다.

하지만 20년도 더 지난 옛날 일이었다. 지금은 여동생의 생사 여부조차 알지 못하는 상황이었다. 설령 살아 있다고 해도 그 가게를 여전히 운영하는지도 확실치 않았다. 이름도 알지 못했다. 여동생이 결혼했다면 성이 바뀌었을 가능성도 높았다.

20년 전의 지도를 손에 들고 이나리 시장으로 발길을 옮겼다. 예전에는 활기찼던 시장은 이제 대부분의 가게 셔터가 내려진 채 문을 연 가게는 얼마 되지 않았다. 시장 주위를 한 번 걸어보았지만 그 여동생의 식당처럼 보이는 가게는 눈에 띄지 않았다. 이름도 주소도 아무런 단서도 없는 가운데 혹시 하는 가능성만으로 근처 사람들을 탐문했다.

"옛날 성씨밖에 모르는데 야부시타 씨라는 이름의 여성이 20년 전에 운영하던 식당을 아십니까?" "그것만으로는 알 수 없네. 가게 문 닫은 사람이 하도 많아서…. 지금 이름은 모르나?" "그 정도밖에 정보가 없어서…." "그걸로는 모르겠네." 쓴웃음 짓는 대화만 반복되었다.

포기하고 다른 가족을 찾는 편이 나을까. 그런 고민도 없지 않았다. 하지만 가능한 한 취재를 계속해보자고 마음을 다지며 또다시 다나카 씨를 찾아가 실낱같은 정보 하나라도 더 끌어모아 시장으로 오는 나날이 이어졌다.

그러는 사이 작은 힌트를 얻었다. 다나카 씨의 기억에 따르면 야부시타 씨의 여동생이 하던 식당은 만들어놓은 반찬을 늘어놓고 그것을 자유롭게 집어 식사하는, 다소 특이한 형태였다는 것이다. 그 정보를 듣고 다시 이나리 시장을 찾았다. 지금도 영업을 하는 가게 중 과자와 채소를 파는 작은 상점을 찾아갔을 때였다. 이 가게는 며칠 전에도 한 번 찾아가 물은 적이 있지만, 새로 얻은 식당 정보를 듣고 다시 물어보려던 참이었다.

"요전에도 여쭀습니다만 이 근처에서 식당을 했던 사람 중 성씨가 야부시타라는 여성을 아십니까?" "아, 역시 기억에 없네." "그 식당이 미리 만들어둔 반찬과 식사를 내놓고 손님이 자유롭게 골라 먹는 방식이었던 것 같습니다만…." 여성은 잠시 생각하다 무언가 기억해낸 듯 불쑥 말했다.

"혹시 아와지시마 출신인가?" 야부시타 씨는 분명 아와지시마 출신이었다. 점과 점이 이어진 듯한 느낌이었다. "그렇습니다! 그 사람입니다. 아십니까?" "오래 전에 가게를 닫았어. 지금은 무얼 하고 있는지 모르네." "가게가 있던 장소는 모르십니까?" 20년 전의 지도를 보여주자 여성은 기억을 더듬어 가게가 있었던 장소를 알려주었다.

야부시타 씨의 여동생이 운영했던 것으로 보이는 가게는 지금 공터가 되었다. 다만 그 옆에 오래 전부터 장사를 했을 법한 가게가 있었다. 이 가게 사람이라면 무언가 알고 있을 지도 모른다. 가게를 지키고 있던 60대 남자에게 물어보았 다. "니시야마 씨 말인가? 오래 전에 가게를 닫았지만 지금 은 요 근처에 살고 있어. 자주 물건을 배달하는 손님이야."

야부시타 씨의 여동생 이름을 알아낸 것이다. 니시야마 히 로코西山博子. 거기서 1킬로미터도 떨어지지 않는 맨션에 산다 는 것도 알아냈다. 그러나 이후 취재와 설득이 무엇보다 중 요했다. 상대가 취재를 허락해줄지 어떨지 알 수 없으니까. 아무리 20년 이상 세월이 흘렀다고 해도 소중한 가족을 잃은 일이다.

이번 프로그램 취재 중 만난 사람들 중에도 "다시 기억하 고 싶지 않다"며 취재를 거부하는 경우가 많았다. 여기까지 오는 데 수 주일이 걸렸다. 취재를 거부당하면 지금껏 쏟아 부은 시간은 헛수고가 되고 처음부터 다시 취재원을 찾아야 만 된다. 편지를 보낼까 등등 여러 가지로 생각하다가 직접 찾아가 정중하게 우리의 취지를 전하기로 결정했다.

가게 남자가 가르쳐준 장소는 현대식 맨션이었다. 호실 번 호를 누르자 인터폰에서 여자 목소리가 들렸다. "예, 니시야 마입니다." "갑자기 방문해서 죄송합니다. NHK에서 왔습니 다. 니시야마 히로코 씨이신가요?" "예? 그렇습니다만…."

니시야마 히로코 씨
야부시타 씨의 여동생. 아와지시마 출신으로 언니의 죽음을 몹시 비통해했다.

"지금 한신·아와지 대지진 취재를 하고 있습니다. 화재로 숨진 분의 유족 이야기를 듣고 싶어서 취재 의뢰를 하고 있습니다. 괜찮으시다면 다른 날이라도 괜찮으니 조금 시간을 내서 이야기를 나눌 수 있을까요? 갑자기 찾아와 폐를 끼쳐 죄송합니다."

"음," 갑작스런 방문에 곤혹스러워하는 기색이 역력했다. 역시 예의를 갖춰 편지를 보내야 했던 것일까…. 잠시 뒤 니시야마 씨는 이렇게 말했다. "가능하지만 지금 외출해야 하니까 내일 와주실 수 있을까요?" 내일 저녁 다시 오겠다고 하고 그 맨션을 떠났다.

다음날 약속 시간에 니시야마 씨의 맨션을 다시 찾았다. 그랬더니 이미 맨션 앞에 한 여성이 서 있었다. 니시야마 씨였다. 작은 키에 안경을 쓰고 있어서 고베의 상류층 여성 같은 인상을 풍겼다. 표정에서는 수상하게 여기는 분위기도 감지됐다. 노인을 상대로 한 사기 범죄 등이 잇따르고 있으니 당연한 일이었다. 갑자기 찾아온 젊은이가 수상쩍게 여겨지는 것도 무리는 아니라는 생각이 들었다. 니시야마 씨는 "가까운 카페에서 이야기를 나눕시다." 하고 말했다. 길을 걷는 동안 간단하게 취재의 취지를 전했다.

쓸쓸해 보이던 언니의 뒷모습

카페는 걸어서 1분도 걸리지 않는 장소에 있었지만 가게에 도착할 즈음 이쪽에 대한 경계는 누그러진 듯 보였다. 니시야마 씨는 조용히 언니 아사코 씨 이야기를 시작했다. "정말 상냥한 언니였어요. 몸이 약한 나를 잘 보살펴주는 정말 좋은 언니였어요. 매일 함께 식사를 할 정도로 사이가 좋았어요. 내가 식당을 하고 있어서 언니가 일을 마치면 그 식당에 식사하러 와주었고."

야부시타 씨는 고베의 백화점에서 옷 판매원으로 일하며 가내 부업으로 재봉도 했다. 니시야마 씨에게도 곧잘 옷을 만들어주었다고 한다. 니시야마 씨는 지진 전날의 일을 회상하며 이렇게 이야기했다. "저와 남편의 결혼기념일이 지진 전날인 16일이었어요. 우리 집에서는 생일과 결혼기념일에는 언제나 두툼한 스테이크를 정육점에서 사와 그것을 구워먹습니다. 언니도 함께 와서 맛있다, 맛있다 하면서 먹었지요. 그날도 그랬어요."

식사를 끝낸 뒤 자신의 집으로 돌아가는 야부시타 씨의 모습을 보며 니시야마 씨는 보통 때와는 다른 기분이 들었다고 한다. "다 먹고 나면 언니는 언제나 우리 집 근처 버스정류장에서 버스를 타고 집으로 돌아가요. 저는 버스정류장까지 배웅을 합니다. 언니의 뒤를 따라 걷는데 왠지 쓸쓸해 보이더라고요. 아들에게 그런 말을 하니까 '기분 탓이겠지' 하더라고요. 하지만 그날 나는 정말 그렇게 느꼈거든요."

니시야마 씨처럼 지진 전날 숨진 사람과 헤어지던 순간 여느 때와는 다른 느낌이 들었다는 사람의 이야기를 취재 중 여러 번 들었다. 그 정도로 잊기 힘든 경험이었을 것이다. 그리고 다음날 지진이 일어났다. 니시야마 씨는 불타버린 동네에서 언니 야부시타 씨를 찾아다녔다.

"언니가 살던 동네 쪽으로 가는데 연기 기둥 세 개가 보이더라고요. 그때는 그 안에서 언니가 불타고 있을 것이라고는 꿈에도 생각하지 않았어요. 다가갈수록 화재로 불탄 지독한 냄새가 점점 맡기 힘들어졌어요. 나는 흐느껴 울면서 그 동네에 도착했어요. 너무 힘들었죠. 주위를 봐도 불타고 남은 빈터뿐이고…. 모두 불타버린 거예요. '제발 살아 있기를, 목숨만은 부지하기를' 기도하면서 아들과 함께 여기저기 열심히 찾았어요. 아들은 자전거로 찾아다녔고. 피난소에도 없으니 피난한 것 같지는 않고, 근처 사람에게 물어도 어떻게 됐는지 모른다고 하고…. 포기하고 집으로 돌아왔다가 다시 찾으러 가는 일을 반복했어요…. 아들도 '못 찾았다'는 말을 나에게 하지 않았어요. 그냥 아무 말도 안 해요. 내가 마음 아파할 게 걱정돼서. 그러다 혹시라도 잘못된 건 아닐까 하는 두려움이 생기기 시작했어요."

생각지도 못한 형태로 만난 언니

언니는 도대체 어디에 있을까, 살아 있기는 한 걸까. 불안만 커지던 중 니시야마 씨는 생각지도 못한 형태로 언니와 대면하게 되었다. "내가 집으로 돌아온 뒤 남동생이 현장에 간 것 같아요. 그리고 자위대 분이 오길래 누나가 여기서 숨진 것 같다는 이야기를 했대요. '어디쯤입니까?' 하고 물어서 '이쯤입니다' 대답하니 자위대가 찾아주더라는 거예요. 누운 모습 그대로 발견했다더군요. 뼈를. 뼈만 남아 있었으니까. 그래서 하나씩 소중히 뼈를 주워주었고, 자위대가 구체적인 유골 부위를 설명해준 것 같아요. 그 후 남동생에게 전화가 와서 허둥지둥 현장에 갔지요. 지면은 화재로 뜨거워져 밟을 수조차 없었어요. 내 눈으로 보니 언니의 뼈는 이미 가루가 되어 줍지도 못할 정도로 불타버렸더라고요. 우선 주울 수 있는 만큼 주운 뒤 발포스티로폼으로 만든 과일상자를 근처 분에게서 얻어 거기에 담았어요."

당시 신문기자가 찍은 것이 무크지에 실린 사진이었다. 니시야마 씨의 표정과 어조는 매우 온화했다. 그러나 지옥도처럼 비참한 체험이었다. 그가 이렇게 한마디를 했다. "당시 우리는 말로 표현할 수 없을 정도로 고통스러웠어요." 니시야마 씨는 어깨를 움츠렸다. 매일 밤 식사를 함께 했던 언니가 어느 날 갑자기 유골이 되어 발견되었다. 지진의 가혹함이란, 이렇듯 아무것도 아닌 일상을 하루아침에 빼앗긴다는 데 있을 것이다.

니시야마 씨는 21년이 지난 지금도 마치 언니가 돌아오는 것처럼 느낄 때가 있다고 한다. "구분이 안 되는 거지요. 지

10년 만에 벽장에서 꺼낸 언니(사진 오른쪽)와 나란히 찍은 사진
"정말 자상한 언니였습니다…."

금이라도 언니가 저녁식사를 하러 올 것 같은 생각이 들어요. 아무리 그렇더라도 언니는 돌아오지 않지요. 내가 식당에서 일하던 때, 가게를 끝내고 나면 혼자가 되잖아요. 그러면 그냥 눈물이 나와요. 정신을 차려보면 내가 울고 있는 거예요. 우는 소리가 밖에 들리지 않도록 TV 소리를 키워놓고 울었어요. 아주 오래 울었어요."

그런 슬픔이 가라앉기까지 오랜 세월이 필요했다고 한다. 지진 전날 밤 언니와 먹었던 결혼기념일 스테이크는 두 사람이 아주 좋아하는 음식이었지만, 지진 이후 니시야마 씨는 숨진 언니와 지진 생각이 나서 한동안 입에 댈 수도 없었다. "스테이크를 먹으며 맛있다고 말하고 돌아간 것이 마지막 모습이잖아요. 그러니까 고기를 보는 것만으로도 괴로워서 10년쯤 먹지 못했어요."

꽃에 둘러싸인 품위 있는 여성이 상냥한 미소를 띠고 앉아 있다. 숨지기 약 10년 전 둘이서 여행 갔을 때 찍은 사진이다. 꽃을 좋아했다는 야부시타 씨는 곧잘 니시야마 씨와 함께 꽃구경을 하러 갔다고 한다. "이 사진도 벌써 10년 정도 꺼내보지 않았어요. 이불장에 넣어버렸죠. 사진을 보는 것도 괴롭고, 언니에 대해 말하는 것조차 괴로워서 오랫동안 이야기하지 않았어요. 정말로 오랫동안. 그래도 최근에는 가까스로 고기도 먹게 되었고 언니의 사진을 꺼내서 보며 언니와 때때로 이야기할 수 있게 되었어요."

"어떤 이야기를 하십니까?" 반사적으로 질문했다.

"'언니, 아직도 거기서 여행하는 거야?' 하고 물어요. 혹은 제게 일어난 일들을 들려주며 '이제 나도 기운 차렸어' 하고 말해요. 그러다 보면 언니가 참 안됐다는 생각이 들지요."

니시야마 씨는 그렇게 말하고는 사진을 응시한 채 침묵했다. 얼굴을 보니 눈가에 옅은 눈물이 번지고 있었다. "사진을 보니까 슬퍼지네요." 니시야마 씨는 조금 부끄러운 듯 웃으면서 손수건으로 눈물을 닦았다.

취재에 응한 야부시타 씨의 옆 방 친구 다나카 씨와 여동생 니시야마 씨에게는 공통점이 있었다. 21년이 지난 지금도 그날의 일을 마치 어제 일처럼 이야기했고, 여전히 치유되지 않는 슬픔을 간직하고 있다는 점이었다. "지금도 언니가 저녁식사를 하러 올 것 같은 생각이 들어요." 니시야마 씨의 이 한 마디가 오래도록 뇌리를 떠나지 않았다.

그렇다면 야부시타 씨의 목숨을 빼앗은 화재는 무엇이었을까. 우리는 그 화재의 원인을 밝히기 위해 취재를 계속하기로 했다.

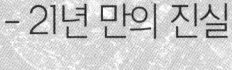

자료가 밝혀준 통전 화재

– 21년 만의 진실

소방 당국에 묻혀 있는 기록, 시간차 화재의 정체는

'시간차 화재'의 정체는 도대체 무엇일까. 당시 화재의 상세한 기록을 조사하기 위해 우리는 고베시 소방국으로 갔다. "여기가 자료실입니다." 입실 허가를 얻어 소방국 총무과 직원의 안내로 들어서니 사무실 안쪽 공간에 수십 개의 책장이 늘어서 있었다. 직원이 이동식 책장 레버를 돌리자 달캉달캉 소리가 나면서 방대한 자료가 눈앞에 모습을 드러냈다. 화재의 상세한 조사 기록, 사진, 구조 기록, 통보 내용…. 고베시 소방국에 당시 작성한 방대한 자료가 있었던 것이다.

21년째인 지금, 당시 존재했던 자료를 모아 재검증하고 싶었다. 우리의 취지에 공감한 소방국에서 이번에 특별히 이 자료를 공개한 것이다. "우리도 거의 본 적이 없습니다. 선배들도 당시 일은 이야기하기를 꺼립니다." 안내해준 젊은 직원이 이렇게 말하며 헛기침을 했다. 당시 고등학생이었던 그는 지진을 계기로 소방관이 되기로 마음먹었다고 한다.

선반에서 한 권의 파일을 꺼냈다. 파일은 노랗게 변색된 상태였다. 군데군데 묻은 때와 찢어진 흔적이 세월을 느끼게 했다. 파일을 열자 갈겨쓴 듯 생생한 필적이 드러났다. 당시의 혼란상이 그대로 살아나는 듯했다. 자료들을 살펴보던 중 한 가지 기록이 눈에 들어왔다. 건물에 깔린 사람의 구조 기록이었다. 구조한 시간과 장소, 구조를 맡았던 대원의 이름이 적혀 있었다. 그리고 그 옆으로 '사망'이라는 글자가 빽빽이 이어졌다. 구조한 사람의 생사를 나타내는 것이었다.

당시 구조활동에 참가한 소방대원들을 취재하던 때가 생각났다. 무너져내린 가옥 등으로 길이 막힌 상태에서 어찌어찌 현장에 도착해 부족한 장비를 들고 가까스로 깔린 사람을 구출했다. 그러나 구조한 사람의 몸은 이미 차가웠다…. 그런 이야기를 자주 들었다. 그 자료의 '사망'이라는 글자 수만큼 그런 현실이 존재했을 것이다.

자료를 뒤지다 찾고 있던 화재 기록도 발견했다. 당시의 다이쇼스지 상가 화재 현장을 조사한 자료였다. 화재 원인은 역시 '불명'이었다. 화재 발생 지점도 기록되어 있었는데 상가 사람에게서 들은 증언과 거의 일치했다. 문서에는 상가

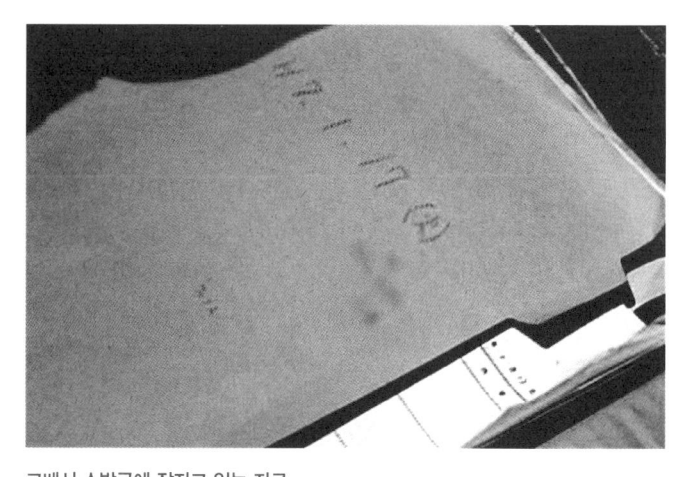

고베시 소방국에 잠자고 있는 자료
지진 당일 "정전이 됐다가 잠깐 전기가 통했는데 그 직후 연기가 나기 시작했다"는
목격자 증언이 담겨 있다.

내 가게 부근에서 화재가 발생했다고 적혀 있었다. 화재가
발생한 후 5시간 만에 상가 전체로 번졌다는 것도 알았다.

페이지를 넘기자 더 흥미로운 증언이 나왔다. 진위는 불분
명하지만 화재 발생 지점 근처에 있던 파친코점 주인이 "정
전이 되었다가 잠시 후 전기가 다시 통했는데 그 직후 연기
가 나기 시작했다"고 증언한 것이다. 도대체 어떻게 된 일일
까. 지진 발생 직후 고베 시내는 전 지역에 걸쳐 정전이 되었
다. "전기가 통한 직후"는 전기를 복구할 때 불이 났다는 의
미일 게다. 게다가 당시 신문을 살펴보면 이런 현상이 다이

쇼스지 상가뿐 아니라 여러 지역에서 발생했다고 기록돼 있었다. 그 현상에 이름까지 붙어 있었다. '통전通電 화재'. 전기 복구와 함께 전기제품에서 불이 나는 현상을 가리킨다.

통전 화재의 전모를 검증하기 위해

전문가를 만나 그 같은 현상이 다른 지진 때에도 일어났다는 사실을 알았다.

한신 · 아와지 대지진 꼭 1년 전인 1994년 1월 17일, 미국 캘리포니아 주 노스리지에서 규모 6.8의 대지진이 일어났다. 여기서도 지진 후 얼마쯤 시간이 지난 뒤 발생한 화재가 목격됐고, 이를 '전기 화재electric fire'나 '2차 충격secondary wave'이라는 이름으로 불렀다.

통전 화재를 확인해주는 증언을 다른 현장에서도 들을 수 있었다. 고베시 나다구 화재는 당일 오전 8시 30분에 발생했다고 소방 기록에 남아 있었다. 주변을 취재했더니 당시 화재 진압을 맡았던 남성이 그 상황을 말해주었다. "양동이로 불을 끄고 있을 때 불이 난 곳에서 탁탁 불꽃이 이는 소리가 들렸습니다. 동네를 둘러보니 좀 전까지 정전이었는데 어느 사이엔가 전기가 들어와 있었고요….”

그러면 야부시타 씨가 숨진 다이쇼스지 상가 화재는 어땠을까. 소방 기록에 남아 있던 '일시적으로 전기가 통했고 그 직후 연기가 나기 시작했다'는 증언을 토대로 당시 상황을 목격한 사람을 찾으러 현장인 다이쇼스지 상가로 갔다. 그러나 인근 사람의 이야기로는 당시 증언을 한 사람은 이미 세상을 떠난 듯하며, 지금은 소문으로만 전해질 뿐이라고 했다. 결국 상황을 직접 목격한 사람을 만나는 데는 실패했다. 다이쇼스지 상가 화재와 통전 화재는 정말 인과관계가 있는 것일까. 우리는 통전 화재의 전모를 검증하기 위한 취재를 더 진행하기로 했다.

당시 이런 통전 화재는 피해 지역에서 어느 규모로 일어났던 것일까. 의외이지만 오랫동안 검증하지 않은 탓에 정확한 숫자를 알 수 없었다. 화재 발생 지점을 전기제품으로 의심한 사례는 보였지만 말이다. 일반적으로 화재 조사에서는 발화 지점을 밝히는 것이 중요하다고 한다. 다만 발화 지점 자체가 불타버리는 대규모 화재 등에서는 그 내용이 빠져버린다. 그렇게 발화 지점을 콕 집어 말하기 곤란한 상황 탓에 '통화 화재'가 어느 정도 일어나고, 어느 규모로 이어졌는지 여부 등등 전모가 밝혀지지 않았다는 것이다. 이 통전 화재를 검증하려면 어떻게 해야 할까.

통전 화재는 전기 복구에 따르는 '통전'과 함께 일어나는 화재다. 우리는 우선 '통전'에 관한 자료들을 모으기로 했다. 3장에서 말한 대로 화재와 관련해서는 소방과 전문가 등이 조사해놓은 데이터를 통합해 화재 장소와 발생 시간 등을 입력한 자료를 완성했다. 문제는 통전 개시 시간 자료였다. 간사이전력이 당시 보고서로 정리했지만 구체적인 장소와 시간을 기록하지 않았다. '통전'의 자료가 없으면 '통전 화재' 검증도 어려울 터였다. 취재는 시작부터 벽에 부딪혔다.

통전과 화재의 인과관계를 조사, 어느 연구자와의 만남

취재를 진행하는 동안 통전 화재의 실태를 파악하는 데 필요한 중요 자료를 가진 연구자를 만날 수 있었다. 야마나시대학 공학부에서 방재를 전문으로 하는 하다 야스노리秦康範 부교수였다. 하다 부교수는 현재 빅데이터를 활용해 재해시 피난 행동 시뮬레이션 연구를 진행하고 있다. "오랫동안 통전 화재를 관심에 갖고 있었습니다." 취재를 시작하자마자 하다 교수는 이렇게 입을 열었다.

하다 야스노리 야마나시대학 부교수

  21년 전 대학생 시절 한신·아와지 대지진을 경험한 하다 부교수는 당시 효고현 아마가사키시尼崎市에 살았다. 다행히 자택과 가족은 피해가 없었지만 자전거를 타고 거리로 나섰더니 예전의 길거리는 폐허로 변해 있었다. "가장 인상적이었던 장면은 지진이 나고 시간이 꽤 지났을 때인데 멀리 있는 빌딩에서 갑자기 불이 올랐던 것입니다. 당시에는 아무것도 알지 못했지만, 지금 생각해보니 뒤늦게 발생한 통전 화재였던 것 같습니다."

  대학 졸업 후 한때 민간 기업에 취직했던 하다 부교수는 한신·아와지 대지진의 경험을 잊을 수 없어 방재 연구자의 길을 선택했다. 오랫동안 한신 대지진 당시 화재 연구와 행정에 대한 조언을 해온 고베대학 무로사키 요시테루室崎益輝

명예교수의 지도를 받아 방재 연구에 전념하면서 통전 화재에 관한 연구도 병행했다.

그러면서 느낀 것은 통전 화재에 대한 일반의 관심이 너무 낮다는 사실이었다. "직접 화재 현장을 본 데다 신문에서도 읽었으므로, 통전 화재가 문제라는 점은 이해하고 있었습니다. 그러나 전력회사와 정부 보고서 같은 자료들은 통전 화재의 영향이 그리 크지 않다고 평가하고 있었어요. 그게 정말 사실일까, 자꾸 의문이 들었습니다. 그래서 직접 연구해 보기로 마음먹은 겁니다."

하다 부교수는 당시 통전 화재가 얼마나 일어났다고 생각할까. "원인불명 화재가 절반 정도였어요. 저는 당시 일어난 원인불명 화재의 절대다수가 이 통전 화재이지 않을까 추측합니다. 그럼에도 이를 증명할 방법이 없어요. 어떻게든 자료를 이용해 이 상황을 증명해야겠다는 생각으로 연구를 계속해왔습니다."

통전 화재를 검증할 방법은 없을까? 하다 부교수는 지진 후 전기 송전 개시가 몇 시였느냐를 제시하는, 매우 중요한 검증 자료를 확보했다. 지진이 나고 5년 뒤 라이프 라인(수도, 전기, 가스, 전화 등 그야말로 현대 삶의 생명선을 쥐고 있는 시스템을 총칭) 연구를 하는 과정에서 피해 지역 전기 공급을 맡은 간사이전력으로부터 얻은 자료였다. 그러나 당시 자료에는 어느 변전소를 복구했는가 하는 데이터밖에 없었다. 하다 부교수의 자료가 중요한 것은 그 다음부터였다.

전기 복구는 통상 변전소를 복구한 뒤 각 지역에 전기를 보내고, 거기서 전선을 통해 각 가정에 전력을 배달하는 식으로 이어진다. 하다 부교수는 소방 당국을 꼼꼼히 현지조사해 변전소가 복구된 뒤 특정 동네 특정 지역에 몇 시에 전기가 도달했는지까지 상세하게 정리를 했다. 물론 전선 등의 손상으로 인해 변전소 복구 시간이 반드시 각 가정의 전력 복구로 이어지는 것은 아니다. 하지만 하다 부교수는 변전소 복구 이후 대다수 각 가정에 전기가 통했다는 사실도 확인했다. 이 정도로 정확하게 당시의 전기 복구상황, 즉 '통전' 상황을 제시한 자료는 현재까지 없을 것이다.

하다 부교수가 보유한 '통전' 자료와 '화재' 자료를 맞춰보면 통전 화재의 전모에 좀 더 다가갈 수 있지 않을까. 그렇게 생각한 우리는 그에게 공동 연구를 제안했다. 하다 부교수는 고개를 끄덕이며 다음과 같이 말했다.

"정말 좋은 시도입니다. 한신·아와지 대지진이 나고 21년이 지났어요. 많은 분들이 아주 오래 전의 재난이라는 인식을 갖고 있습니다. 확실히 지난 21년 간 여러 지진 대책이 나왔고, 큰 피해가 재발하지 않도록 다양한 정책이 만들어진 게 사실입니다. 그러나 통전 화재에 대해서는 애초 존재 자체를 모르는 사람이 압도적으로 많지 않을까요. 지금 우리 사회는 전기에 절대적으로 의존할 수밖에 없습니다. 평상시 일어나는 대다수 화재의 원인이 전기라는 점을 고려하면, 통전 화재 위험을 지금처럼 간과해도 좋은 건지 의문이 듭니다. 당시 일어난 일을 새로운 시각과 기술로 분석해 그 결과를 후대에 남기는 일은 그래서 더 중요하다고 생각합니다."

최신기술로 자료를 해석,
화재와 통전의 인과관계 처음으로 드러나

2015년 12월 우리는 도쿄 시부야에 있는 NHK 방송센터에 있었다. 하다 부교수에게서 받은 통전 자료를 '자료시각화'라는 최신기술을 적용해 지도 위에 표시했다. 화재와 통전의 인과관계를 새롭게 가시화해서 통전 화재를 검증하려는 첫 시도였다.

화재 전문가에게 감수도 의뢰했다. 도쿄이과대학 세키자와 아이關澤愛 교수. 정부의 지진화재검토위원회 위원장을 지

세키자와 아이 도쿄이과대학 교수

낸 화재 연구 1인자이다. 그리고 21년 전 피해 지역에 가서 정부 연구기관인 당시 소방연구소의 일원으로 화재 조사를 했던 당사자이다. 최근 통전 화재에 관해 하다 교수와 공동 연구도 진행했다.

이 작업에 앞서 우리는 이메일 회의를 포함해 몇 번이고 회의를 진행했다. 세키자와 교수와 하다 부교수는 과거 원인이 밝혀진 통전 화재 분석을 진행해 통전 후 2시간 이내에 일어난 화재는 '통전 화재를 강하게 의심'할 수 있다는 결론에 도달했다. 전기가 통한 뒤 서서히 불이 붙어 연기가 나다가 큰 화재로 변하기까지 시간이 걸리기도 하기 때문이다. 자세한 것은 나중에 설명하겠지만 이렇게 세세한 분류를 해놓은 뒤 검증을 진행했다.

검증을 위해 하다 부교수와 세키자와 교수 그리고 우리가 한 방에 모였다. 방의 중앙에는 거대한 8K 슈퍼하이비전 모니터를 설치했다. 거기에 지진 당일 찍은 항공사진을 띄워놓았다. 국토지리원이 지진 발생 당일 오후 3시에 촬영한 항공사진 약 170장을 붙여 한 장으로 만든 것이다. 단지 이어 붙이기만 해서는 겹치는 부분과 사진 왜곡으로 인해 깔끔한 한 장의 사진이 되지 않는다. 한 달 가까이 수작업으로 조금씩 왜곡을 수정해 드디어 하나의 지도로 완성했다. 지도에 표시한 것은 피해 지역의 지진 발생 당일 오후 3시경의 전체 모습이다. 이처럼 지진 당일의 항공사진을 한 장의 사진으로 재현한 것은 이번이 처음이었다.

이 사진을 잘 살펴보면 지진 발생 직후 무슨 일이 일어났는가를 알 수 있다. 오랫동안 한신·아와지 대지진 연구를 해온 세키자와 교수도 이 항공사진을 흥미진진하게 여겼다. "이런 사진을 본 적이 없습니다. 당시 하늘에서 본 화재 영상을 모으려고 민영방송의 헬리콥터 영상까지 열심히 뒤져 화재 영상만을 따로 편집했지만, TV의 경우 컷이 짧지 않습니까. TV 방송을 할 때에는 10초 단위로 잘려버려서."

세키자와 교수가 주목한 것은 고베시 나가타구 미즈카 사거리 화재였다. 이 화재는 오전 9시에 발화했는데, 정확한 화재 원인은 알 수 없지만 고베시에서 일어난 것 중 최대급 화재였다. 이 화재로 48명이 숨졌다.

"오후 3시이니 화재가 나고 6시간 지났을 때겠네요. 하얀 연기가 조금 나오고 있지요. 화재 진압이 시작되었다는 뜻입니다. 하얀 연기는 물을 뿌렸다는 증거이니까요. 물론 최초 지원 인력으로 효고 소방대가 있었지만, 3시쯤이면 규모가 큰 오사카 소방대가 도착했을 거예요. 따라서 화재 진압활동이 본격적으로 시작되었다는 것을 이 항공사진으로 알 수 있습니다. 뒤집어 말하자면 그때까지는 거의 손을 쓰지 못했다는 얘기지요."

드디어 검증이 시작되었다. 검증 진행 방법은 다음과 같았다. 우선, 검증 시작 시간은 지진이 발생하고 1시간 후인 오전 6시 46분이었다. 하다 부교수와 세키자와 교수가 지진 직후 화재는 전기와의 인과관계를 입증하기가 어렵다고 조언했기 때문이다. 오전 6시 46분부터 시간을 움직여 '통전이 개시된 시간과 지역' 그리고 '화재가 발생한 시간과 장소'가 일치하는지 여부를 조사하는 것이다.

통전을 개시한 지역은 노란색으로 표시했다. 그리고 화재가 발생한 장소에는 발생 시각에 불꽃 표시가 나타나도록 했다. 두 사람이 지금까지 진행해온 화재와 통전 시간 비교

연구 및 조사에 의거해 통전 시각에서 2시간 이내에 발생한 화재를 통전 화재라고 간주했다.

전기가 통한 장소에서 동시다발적으로 화재가 일어났다

지진 발생 직후 피해 지역은 넓은 범위에 걸쳐 정전이 일어났다. 1시간 후인 오전 6시 45분께, 전기는 동쪽인 니시미야 근처부터 복구되기 시작했다. 화면에 노란색으로 표시된 지역이 나타나고, 그 지역에서 9건의 화재가 차례로 발생했다. 불과 10분 사이였다. 전기가 통한 직후 화재가 차례로 일어났다는 것을 처음 눈으로 확인했다. 한편 노란색 지역 밖에서는 거의 화재가 일어나지 않았다. 화재는 그 지역에 집중됐다. 그 모습을 본 하다 부교수가 입을 열었다. "이런 건 처음 봅니다. 전기가 통한 곳에서 선택적으로 발화가 되었다는 사실을 한눈에 알 수 있네요. 공간적으로 이렇게까지 치우쳐서 발화하는 것은 특정한 이유가 없이는 설명이 불가능하지요."

화재 연구자 세키자와 교수는 이렇게 지적했다. "이 좁은 지역에서만 9건이 발생했습니다만, 동시다발로 일어나는 것

자체가 무엇보다 새로운 발견이네요. 그 밖의 지역에서는 거의 화재가 나지 않았는데 말입니다. 통전 재개 시점을 기다리기라도 한 듯, 게다가 동시에 다수의 화재가 발생한 것을 보면 역시 통전 재개가 원인이 되어 발화했을 가능성이 높다고 여겨집니다. 일반적으로 지진 후 1시간쯤 지나면 화재는 일어나지 않는다고 생각하기 쉽습니다. 한데 1시간이 지나서도 동시다발적인 화재가 일어난다면, 역시 이에 치밀하게 대비해야만 합니다."

지도에서 시간을 계속 이어갔다. 오전 8시 반쯤, 이번에는 지도 중앙인 고베시 나다구에서 통전 개시와 함께 화재가 발생했다. 불과 10분 이내에 발생한 화재였다. 오전 9시쯤, 지진이 발생하고 3시간이 지났다. 이번에는 아카시시와 스마구 등 피해 지역 서쪽에서 통전이 재개되었다. 그러자 6건의 화재가 그곳에서 발생했다. 가스 누출 등 다른 요인도 있었을 것이다. 통전 지역이 아닌 곳에서 화재가 발생하기도 했다. 다만 그와 비교가 안 될 정도로 통전 개시 지역에서 차례차례 화재가 발생하는 모습을 보며 하다 부교수와 세키자와 교수뿐 아니라 우리도 눈을 부릅떴다.

그리고 오전 10시. 5명의 사망자를 낸 나가타구 다이쇼스지 상가 화재가 발생했다. 바로 야부시타 아사코 씨가 목숨

그림 6 통전과 화재의 관계를 가시화하다

데이터 비주얼라이제이션으로 검증

세키자와 아이 교수, 하다 야스노리 부교수
통전을 시작하고 2시간 이내에 일어난 화재는
'통전화재 가능성'이 높다고 생각할 수 있다

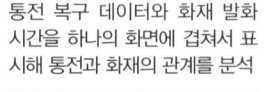

검증 방법

통전 복구 데이터와 화재 발화
시간을 하나의 화면에 겹쳐서 표
시해 통전과 화재의 관계를 분석

검증 개시

동쪽 지역(니시미야시 주변)

통전: 오전 6시 45분쯤

발화: 오전 6시 55분쯤

통전 후 10분 만에 동시다발로 발화

통전 후 10분
만에 동시다발
로 발화

중앙 지역(고베시 나다구)

통전: 오전 8시 20분쯤

발화: 오전 8시 30분쯤

통전 후 불과 5분 만에 발화

서쪽 지역(고베시 스마구 · 아카시시 등)

통전: 오전 8시 45분쯤

발화: 오전 9시 00분쯤

3시간 뒤 서쪽 지역에서도 전력 복구돼
6건의 화재 발생

검증 결과

**통전으로 의심되는 화재가 39건에
이르렀다**
(1시간 이후 일어난 화재의 약 40%)

을 잃은 화재다. 그 장소에도 통전이 개시되고 2시간 이내에 발화했다. 세키자와 교수는 통전 화재 가능성을 충분히 의심할 만하다고 지적했다. "지진 직후 대규모 화재 조사를 위해 현지로 가서 그 지역 주민에게 이야기를 들었습니다. 그 가운데는 지진 후 4시간이나 지났는데 전기가 들어온 뒤 발화해 화재로 이어졌다는 증언도 있었지요. 역시 통전 화재일 가능성이 높다고 봅니다."

검증 결과 17일 당일에 일어난 화재 205건 중 지진이 나고 1시간 이후에 일어난 화재는 92건이었다. 그 중 통전 화재로 의심할 만한 화재가 39건이었다. 원인불명 화재의 40퍼센트 이상이 밝혀진 것이다. 그 중에는 야부시타 씨의 경우처럼 사망자를 낸 화재도 있었다. 21년이 지나 통전 화재의 전모를 처음 밝혀낸 것이다. 이번 검증에 대해 하다 부교수는 이렇게 말했다.

"솔직히 하나하나의 화재가 언제 발화했고, 발화 지역의 변전소가 언제 복구됐느냐 하는 것은 연구과정에서 주목을 했습니다. 다만 그것이 공간적으로 어떻게 분포하는가라는 관점으로는 분석한 적이 없었지요. 그런데 이번 자료시각화를 통해 최초 변전소 복구가 공간적으로 아주 명료하게 동과 서로 시간이 나뉘어 있으며 그것이 발화와 연관성이 있다는

것을 처음 알게 되었습니다. 통전 화재 의심 가능성을 시각
적으로 보여주는 셈입니다. 이런 분석은 많은 자료를 한꺼번
에 다루는 최신기술이 없으면 불가능해요. 당연히 21년 전에
는 알 수 없었던 것입니다. 그런 의미에서 이번 검증의 의의
가 매우 큽니다."

실험으로 밝혀진 통전 화재의 위험

이런 통전 화재가 실제로 일어난다면 얼마나 위협적일까. 우
리는 원인이 밝혀진 화재 상황을 조사한 뒤 재현에 가까운
실험을 해보려고 고베시 소방국에 협조를 의뢰했다. 고베시
기타구의 고베시 소방국에는 화재실험실이 있다. 보통 화재
재현 등에 사용되는 시설이다. 무거운 문을 열자 불 탄 냄새
가 코에 닿았다. 넓이 10제곱미터 남짓. 벽에는 화재로 불탄
듯한 검은 흔적이 남아 있었다.

"당시 저도 히가시나다 소방서에 있었어요…. 소방 활동
이 정말 큰일이었지요." 실험 감수를 맡은 우에무라 유지上村
雄二 조사계장은 지금은 화재예방법을 계발하는 예방과에 있
지만 지진 당시 히가시나다 소방서 대원으로 현장을 뛰어다

니며 소방 활동을 했던 한 사람이다. 그는 지진 3개월 후 화재 조사 부서로 이동했다. 따라서 당시 화재 현장도 잘 알고 있었다.

실험을 진행하는 화재 현장은 독신자 방으로 설정했다. 어디에나 있을 법한 흔하디흔한 방이었다. 지진의 격심한 흔들림이 있은 뒤 방 안은 엉망이 되었다. 한신·아와지 대지진을 경험한 고베시 소방국 직원이었기에 더 설득력 있는 재현이 가능했다. 서랍장이 넘어져 안에 있던 옷이 튀어나오고 책장에 둔 책과 잡지가 흩어졌다. 그리고 전기난로가 넘어졌다. 한신·아와지 대지진이 일어난 것은 1월이어서 전기난로 등 전기제품을 사용한 사람도 많았을 것이다. 이런 전기난로가 화재 원인이 된 사례가 적지 않았다.

그러나 한 가지 의문이 남는다. 이 전기난로에는 지금이나 그때나 넘어지면 자동적으로 전원이 꺼지는 잠금장치가 있다. 이 잠금장치는 난로 바닥에 있어서, 똑바로 서 있을 때는 저절로 눌러져 전원이 들어오지만 넘어질 경우 그 장치가 튀어나와 자동적으로 끊어지는 구조다. 잠금장치가 있다면 화재는 일어나지 않아야 마땅하지 않을까?

그 질문을 하자 우에무라 씨가 사진 한 장을 보여주었다. 당시 작은 화재가 일어난 현장 사진이었다. 장소는 사무실처럼 보였다. 자세히 보니 전기난로가 놓인 주변이 불타 있었다. 우에무라 씨가 상황을 설명해주었다. "전기난로 바닥에 붙은 잠금장치가 선반에 눌려 작동하지 않게 된 겁니다." 지진으로 넘어진 전기난로 바닥 부분은 선반과 밀착된 형태였다.

지진 이전에 난로의 전원이 켜져 있었는지 꺼져 있었는지는 알 수 없다고 했다. 심하게 흔들리는 중에 무언가에 부딪혀 전원이 켜졌을 가능성도 있기 때문이다. 그렇게 발열하는 전기난로 주위에 서류나 타기 쉬운 물건들이 놓여 있을 경우 불이 붙어 화재로 이어지기도 한다.

우연에 우연이 겹친 이런 화재를 설명하면서 우에무라 씨는 "생각지도 못했던 일이 일어나는 게 지진 화재입니다."라고 강조했다. 확률이 결코 높지 않을지라도 21년 전이면 많은 집에서 전기난로 등 가전제품을 구비한 시기였다. 게다가 한신·아와지 대지진처럼 100만 명 이상이 사는 도시에서 재난이 일어날 경우, 확률은 낮겠지만 결코 무시할 수 없는 수의 화재가 되는 것이다.

다시 실험으로 돌아가보자. 지진이 일어난 뒤를 상정했다. 물건이 흩어진 방의 옷장에서 옷이 튀어나와 전기난로 위로 날아갔다. 난로 잠금장치는 책상에 눌려 작동하지 않는다. 그 방에 사는 사람은 지진 직후 피난해 아무도 없는 상황이

고베시 소방국 실험결과 통전 6분 뒤에 전기난로 위에 있던 화학섬유 의류에서 발화

12분 뒤에는 천장까지 불길이 닿을 정도로 타올라 실험을 중지했다

다. 정전 상태에서는 당연히 아무 일도 일어나지 않는다.

그런데 통전이 된다. 천장에 있던 전등에 불이 들어와 실내를 밝힌다. 그 순간 전기난로도 약한 빛을 내기 시작했다. 전기가 통한 직후 방은 특별한 변화가 없지만 3분쯤 지나자 난로 위에 떨어진 옷에서 연기가 났다. 처음엔 작았다. 그게 점점 커져서 6분 후 갑자기 화염이 되었다. 불길은 점점 커져 옷을 태워버렸다. 옷들이 완전히 불타는가 싶더니 이번에는 가까이 있던 플라스틱 수납함으로 화염이 옮겨붙었다. 이렇게 차례로 불길이 붙어, 별 것 아니라고 생각했던 화재가 순식간에 방 안 모든 물건을 집어삼켰다.

발화 12분 후. 화염이 위세를 떨치는 가운데 천장에 달려 있던 전등이 떨어졌다. 열에 녹아 전선이 끊어진 것이다. 그리고 펑, 터지는 소리가 났다. 방에 있던 모든 물건이 불타고 있는 상태였다. 더 이상 진행되면 실험시설에도 영향을 줄 수 있었다. 소방대원이 서둘러 화재 진압 작업을 했다.

취재 과정에서 자주 접했던 말, 즉 "잠깐 사이에 불이 커졌다"라던 목격자 증언을 우리는 이 실험을 통해 실감했다. 21년 전의 '시간차 화재'도 이렇게 일어난 걸까? '통전 화재'의 위험은 실로 대단한 것이었다.

5장

통전 화재에 대비하라

통전 화재는 동일본 대지진에서도 일어났다

검증을 거쳐 우리는 한신·아와지 대지진 당시 통전 화재의 전모를 파악할 수 있었다. 그렇다면 한신·아와지 대지진으로부터 21년이 지난 지금, 그 대책은 얼마나 마련했을까. 취재를 통해 그 위협이 여전히 상존한다는 사실이 밝혀졌다. 2011년 동일본 대지진에서도 통전 화재가 다수 발생했다는 사실이 그 증거이다. 전문가는 21년 전부터 대책의 필요성을 지적했지만 근본적인 대책에는 진전이 없었다고 말한다. 그런 한편 우리 각자가 통전 화재 발생을 최소화할 수 있는 대책들은 있다. 이 장에서는 그 대책을 소개한다.

통전 화재가 동일본 대지진에서도 발생했다는 정보를 얻은 우리는 그 현장 중 하나를 취재하기로 했다. 센다이시 아오바구의 산조중학교에 거대지진이 발생한 지 이틀 뒤인 3

월 13일 오후 '통전 화재'가 덮쳤다. 이 중학교는 내륙에 있어서 쓰나미 피해는 면했다. 그러나 심한 흔들림으로 주변 가옥이 손상되는 등 피해가 난 까닭에 체육관이 주민 피난소가 되었다. 통전 화재가 났을 당시 그곳에는 약 500명이 피난해 있었다고 한다. 화재가 발생한 장소는 학교 건물 4층에 있는 미술 준비실이었다. 취재를 위해 방문해 보니 피난소인 체육관 입구에서 바로 위쪽으로 보이는 지점이었다.

당시 현장에 있었던 이토 요시로伊藤芳郎 교장은 그때 상황을 이렇게 기억한다. "우선 놀랐습니다. 피난소 바로 위로 보이는 창문에서 빨간 화염과 검은 연기가 옥상 쪽으로 거세게 타올랐습니다. 사람들이 모여 있는 체육관 바로 옆이었기 때문에 피난민들을 신속하게 대피시켜야만 했어요. 짐은 그대로 두고 우선 학교 운동장으로 피난하도록 했습니다. 정말 필사적이었어요."

센다이시 소방국과 도호쿠전력에 따르면 당시 이 중학교가 위치한 지역에는 거대지진 후 정전이 이어지고 있었다. 그러다 이틀 후인 3월 13일 오후 2시 20분을 지나 전기가 복구되었다. '통전'이 된 것이다. 화재가 발생한 것은 그리고 약 30분 뒤였다. 오후 2시 50분에 화재경보기가 울렸다. 곧바로 소방서 인력이 급파돼 화재 진압이 시작되었고, 약 1시간 반

뒤인 오후 4시 반쯤 불을 껐다. 인근에 다른 화재가 일어나지 않아 신속하게 소방 작업을 할 수 있었지만 인접한 미술실을 포함해 약 200제곱미터가 피해를 봤다. 다행히 다친 사람은 없었다. 피난민 전원이 신속하게 밖으로 대피했기 때문이었다. 그런 혼란을 겪은 후 이 중학교에 설치했던 피난소를 폐쇄할 수밖에 없었다고 한다.

복구 '희망'과 함께 발생하는 통전 화재의 딜레마

통전이 되고 약 30분 후에 발생한 화재를 센다이시 소방국이 조사한 결과 그 방에는 불탄 전기난로가 있었다. 전기가 복구되고 얼마 지나지 않아 화재가 발생했다는 점과 지진의 흔들림으로 인해 흩어진 책들이 난로 주위에 있었던 상황 등으로 미루어 소방 당국은 통전 화재라고 추정했다.

이토 교장에 따르면 화재가 발생한 방이 있는 건물은 당시 지진 피해로 출입이 금지되었다. 따라서 적극적으로 건물을 관리할 수 없는 상황이었다. 전기 복구와 관련해 전력회사에서 따로 연락받은 내용이 없다고 말하던 이토 교장은 당시를 이렇게 회상했다.

처음 불이 난 전기난로 통전 개시 30분 뒤에 발화해 산조중학교 4층 약 200제곱미터가 불탔다.

"제가 기억하기로 통전은 갑자기 일어났습니다. 전기가 통하는 것을 확인하자 한시름 놓았다고 생각했습니다. 지진 후 전기와 가스, 수도가 다 끊긴 상태로 어려움을 겪던 와중에 전기가 복구된 것이니까요. 전기만 통해도 여러 가지 활동을 할 수 있으니, 지진 피해자들의 생활을 복구할 수 있겠다고 안도했습니다. 바로 그때 화재가 일어났어요. 도대체 무슨 일이 벌어진 것인지, 당시 상황에서는 알 수가 없었습니다. 그저 충격이었어요."

우리는 이토 교장의 이 말이 통전 화재의 무서움을 드러내 준다고 생각했다. 전기는 지진이 발생한 지역에서는 매우 중요한 생명선이다. 바로 그 생명선 연결과 함께 발생하는 것이 통전 화재이기 때문이다.

동일본 대지진의 '통전 화재' 전모는

동일본 대지진 직후 도호쿠와 간토를 중심으로 약 890만 채의 건물에 정전이 발생했다. 실로 엄청난 규모다. 이 가운데 통전 화재는 몇 건이나 일어났을까.

일본화재학회 조사에 따르면 쓰나미 침수지역 이외 화재로 한정할 경우, 거대지진의 본진 및 여진으로 인한 것까지 포함해 간토·도호쿠에서 239건이 발생했다. 이들 중 정전 복구와 함께 발생한 통전 화재는 23건이었다. 여기에는 도쿄전력 후쿠시마 제1원자력발전소 사고 등의 영향에 따른 '계획 정전' 이후 통전도 포함된다(〈2011년 동일본 대지진 화재 등 조사보고서(종합판)〉 일본화재학회 2015년 3월).

한편 총무성 소방연구센터가 도호쿠·간토 13개 광역지자체 소방 당국을 상대로 진행한 설문조사 결과, 쓰나미 침수지역에서 발생한 화재까지 포함한 495건 중 통전 화재는 45건에 이른다. 화재 원인별로 살펴보면 '손상된 배선 코드와 분전반'으로 인한 화재가 가장 많아서 13건, '전기난로' 4건, '가정용 수족관 히터' 2건 등이었다(소방연구센터 〈제16회 소방 방재연구강연회 자료〉 2013년 2월). 동일본 대지진 당시 화재 중 거대 쓰나미가 덮친 피해 지역에서 발생한 '쓰나미 화재'가

크게 주목받았다. 그런 한편에서 수십 건의 통전 화재가 발생한 것이다.

동일본 대지진의 내륙 피해 지역에서는 한신·아와지 대지진 때처럼 '동시다발 화재'는 발생하지 않았다. 인구밀집 지역 화재 발생이 제한적이었던 데다 통전 화재가 발생하더라도 소방 당국의 조기 화재 진압이 가능했으므로 대규모 화재로 번지지 않았다는 지적이다.

우리와 함께 한신·아와지 대지진의 통전 화재를 검증했던 야마나시대학의 하다 야스노리 부교수는 21년 전의 지진 이후 충분한 대책이 마련되지 않아 동일본 대지진에서 통전 화재가 반복되었다고 위기감을 표시했다.

"동일본 대지진에서 또다시 통전 화재가 발생한 것을 보며 한신·아와지 대지진의 문제가 여전히 해결되지 않았다고 생각했습니다. 21년 전 화재 조사에서 통전 화재가 큰 문제라는 사실을 제대로 밝히지 않은 게 원인이라고 봅니다. 지난 21년 간 나온 여러 대책 덕에 피해가 줄어들 것이라고 많은 사람이 생각할지 모르겠지만 예나 지금이나 별반 다르지 않습니다. 또다시 지진이 나면 큰 피해가 생기지나 않을까 걱정스러울 뿐입니다."

수도직하지진, 전문가가 지적하는 위험성과 위기감

예견되는 '통전 화재'의 여러 유형 중 전문가가 가장 우려하는 것은 수도직하지진이 일어났을 경우다. 수도직하지진은 간토 주변에서 발생한다고 예측된 규모 7 정도의 대지진이다. 정부 지진조사위원회는 향후 30년 이내 발생 가능성이 70퍼센트 확률이라고 지적한다.

그 중에서도 도쿄 남부 아래쪽에서 규모 7.3의 대지진이 일어난다고 가정할 경우, 정부가 예상하는 가장 큰 피해는 화재다. 이런 지진이 일어나면 도쿄, 가나가와, 지바 그리고 사이타마 4개 지자체에 국지적으로 진도 6~7의 심한 흔들림이 덮친다.

특히 바람이 강한 겨울 저녁에 지진이 일어난다고 가정할 때 피해는 가장 커진다. 흔들림과 화재 등으로 전파 또는 불에 타는 건물이 61만 채에 이르고 그 중 약 41만 2,000채가 전소할 것으로 예측된다. 최악의 경우를 상정한 사망자 2만 3,000명 중 화재로 숨지는 사람이 약 1만 6,000명에 이른다. 발화 건수도 예상했는데 주택과 점포 화재가 500~2,000곳에 이르고, 그 중 절반이 통전 화재를 포함한 전기 관련 발화일 것으로 추정된다.

시가지 화재를 연구하는 도쿄대학 가토 다카아키加藤孝明 부교수는 한신·아와지 대지진의 화재 피해는 최악의 상황에서 발생한 것이 아니라고 말한다. 그는 수도직하지진이 발생할 경우 훨씬 더 큰 피해가 생길 우려가 있다면서 중요한 것은 지진 발생 시간대라고 강조했다.

"한신·아와지 대지진은 발화라는 관점에서 보면 오히려 다행스런 시간대였습니다. 이른 아침이라 발화 지점이 될 불 관련 기구 사용률이 낮았기 때문입니다. 겨울 저녁에 지진이 일어나면 통전 화재를 비롯한 발화율은 높아질 것으로 예상됩니다. 게다가 도쿄는 밀집한 시가지가 끝도 없이 이어져 있습니다. 인구밀도도 높지요. 한신·아와지 대지진과는 비교할 수도 없는 피해가 생길 가능성이 있습니다. 특히 시가지 특성을 고려할 때 몇 배 아니 10배 이상의 화재 피해가 날 게 확실합니다. 인적 피해 역시 한신·아와지 대지진 때와는 달리 많은 사람이 몸을 피하던 중 위험한 상황에 처하는 사태가 발생할 것으로 예상됩니다."

가토 부교수는 이어 한신·아와지 대지진 때는 풍속이 거의 0미터로 바람이 약했다는 점을 환기시켰다. 그때와 달리 바람이 강하게 분다면, 연소는 더 빠르게 확산된다. 그러면 21년 전에 나타나지 않았던 피해라는 건 무엇일까.

최악의 경우에는 6,000명이 위험에

가토 부교수는 도쿄 23구 서부의 도로와 주택 등을 재현해 지진 후 화재 발생을 상정한 시뮬레이션을 진행했다. 도쿄를 둥글게 감싸는 도로인 환상環狀 7호선과 환상 8호선 사이에는 목조주택이 밀집해 있다. 도쿄 내에서도 화재에 취약한 지역으로 평가되는 지역이다. 지진 발생 시간은 겨울 저녁, 풍속은 8미터를 상정했다. 시뮬레이션 결과 지진 후 총 25곳에서 화재가 발생했다. 대상 지역 인구는 120만 명. 화면에 시가지를 표시해 화재가 번지는 방식과 집에서 피난소로 대피하는 사람들의 모습을 시간 순서에 따라 재현했다.

시간 진행 순으로 화면을 보면, 강풍을 타고 차례차례 화재가 번져나간다. 사람들이 위험에 맞닥뜨리는 것은 그 이후다. 몇몇 곳에서 피난 장소로 향하는 사람들이 밀집하면서 점점 걷는 속도가 느려진다. 그리고 복수의 장소에서 번진 화재가 대피하는 사람들을 둘러싸는 결과를 초래했다.

동시다발적 화재에다 바람이 강하게 불 경우, 대피하는 사람들을 둘러싸서 빠져나갈 수 없도록 가두어버리는 것이다. 가토 부교수는 최신 컴퓨터를 이용해 이 지역 화재 시뮬레이션을 총 3,000가지 유형으로 실험했다. 그 3,000개 유

가토 다카아키 도쿄대학 교수

형들 중 위험에 맞닥뜨려 숨질 우려가 있는 사람의 숫자는 200~400명인 경우가 가장 많았다. 최악의 경우 인구 120만 명 중 6,000명이 위험에 처해 사망할 우려가 있다는 살벌한 결과도 나왔다.

정부와 도쿄도 등은 화재에 강한 지역을 만들자며 '시가지 불연화不燃化' 즉 불이 번지기 힘든 시가지 조성을 위해 도로를 넓힌다든지, 주택이 불에 쉽게 타지 않도록 보수하는 등의 시책을 중점적으로 시행해 조금씩 성과를 내고 있다. 그러나 그 대책을 완수하는 데는 시간이 걸릴 뿐더러 지진 후의 화재에서도 안전하다고 말하기 어려운 게 현실이다. 게다가 그 중 다수는 발화 원인이 '전기'인 통전 화재일 가능성이 있다. 가토 부교수는 향후 이런 시뮬레이션의 정밀도를 높일 필요가 있다면서 통전 화재가 일어나지 않도록 '발화원'을 차단하는 대책을 마련하는 게 중요하다고 지적한다.

"21년 전에 비해 건물 자체는 내연 소재로 많이 바뀌었습니다만, 수도직하지진이 일어났을 경우 예상되는 발화 건수는 소방차 대수를 훌쩍 넘어서는 규모입니다. 화재가 발생하면 진압 요청을 하면 된다고 생각하기 쉽지만 현실이 따라주지 않는 거지요. 당연한 이야기처럼 들리겠지만 발화 건수가 줄면 불이 번져 생기는 피해도 줄어듭니다. 나아가 인명 피해도 줄일 수 있으니 발화 자체를 줄이는 대책 마련이 절실합니다."

'통전 화재' 대책은 진전이 있을까? 전력회사의 대책은

수도직하지진 등이 났을 때 큰 위협이 되는 통전 화재를 막기 위해서는 어떻게 하면 좋을까. 전문가는 화재를 막기 위해 위험한 지역에서 '통전'을 늦추는 등의 대책이 있다고 지적한다. 우리는 수도직하지진이 발생했을 때 전력 복구, 즉 '통전'을 실시하는 주체인 도쿄전력을 취재했다.

도쿄전력 담당자는 이 질문에 대해 원칙적으로 집 밖에 있는 전력공급 설비 등을 확인한 후 통전을 진행한다고 답했다. 나아가 위험한 지역에서는 가구별로 방문해 안전을 확인하고 통전하는 것이 중요하다고 강조했다. 일례로 2015년 9월에 발생한 간토·도호쿠 호우 때 이런 식으로 대처를 했다고 밝혔다. 당시 기누가와 제방이 무너져 큰 피해를 본 이바라키현 조소시에서는 약 1만 1,200채가 정전되었다. 도쿄전력은 연인원 1,300명을 동원해 나흘에 걸쳐 가구별 안전을 확인한 뒤 통전·전력 복구를 진행했다. 당시 통전 화재는 한 건도 일어나지 않았다.

담당자는 수도직하지진이 발생할 경우에도 다른 전력회사의 지원을 받아 위험 지역에서 주택별로 안전 확인을 한 뒤 통전을 실시하겠다고 답했다. "전기 복구가 늦는 것에 대한 불만이 제기될지라도 안전제일 원칙 아래 가구별 확인을 한 뒤 송전을 개시한다"고 그는 강조했다. 다만 정전 가구가 방대한 데다 도로 피해 등으로 목적지까지 가기 어려운 문제도 생긴다며 현실적인 어려움을 표했다.

화재 및 방재 전문가들은 한신·아와지 대지진 뒤 전력회사의 대책에 진전이 있었다면서도 수도직하지진이 일어나면 과거 재해와는 전혀 다른 규모의 정전 발생이 예상된다는 점에 우려를 표한다. 정부 예상으로는 최악의 경우 수도권에서 최대 1,220만 세대가 정전된다고 한다. 말할 것도 없이 전기는 지진 후 피난 생활이나 복구를 위해 가장 중요한 생명선 중 하나다. 전문가는 수도직하지진 같은 대규모 재해에서 가구별 안전 확인과 조기 전력 복구가 동시에 가능할지 의문을 표했다. 전력회사의 매뉴얼에도 불구하고 통전 화재 가능성은 여전히 상존하는 셈이다.

그렇다면 통전 화재를 막기 위해 우리가 직접 할 수 있는 것은 없을까. 전문가들은 한신·아와지 대지진 피해 이후 개발해온 효과적인 대책이 있다고 입을 모았다. 게다가 그것은 개별 가정 단위에서 충분히 가능한 대책이다. 바로 '감진 차단기'라고 부르는 장치다.

통전 화재, '감진 차단기'로 막는다

'감진 차단기'란 무엇일까. 지진의 강한 흔들림을 감지하면 자동적으로 차단기가 내려오는 장치다. 한신·아와지 대지진 이후 빠른 속도로 개발되었다. 내각부가 실시한 효과 확인 실험 영상을 보면 진도 4의 흔들림에서는 차단기가 작동하지 않지만 진도 5 이상 흔들림에서는 차단기가 내려온다.

이로써 전기난로 등 통전 화재의 발화원이 되는 열기구 전원도 자동적으로 꺼졌다. 전기가 통해서 화재가 발생하는 일 자체를 막는 구조다.

동일본 대지진에서도 통전 화재가 발생하자 정부가 나서서 '감진 차단기'를 보급했다. 내각부가 설치한 '대규모 지진 시의 전기화재 발생 억제에 관한 검토위원회'에서 통전 화재 연구를 해온 도쿄이과대학 세키자와 아이 교수를 좌장으로 야마나시대학 하다 야스노리 부교수 등 화재 및 방재 연구자들이 모여 2015년 3월에 보고서를 냈다. 그 내용에 '감진 차단기' 보급이 중요한 항목으로 포함되어 있다.

보고서 등에 따르면 감진 차단기에는 '분전반 타입'이라고 부르는 규격품과 '간이 타입'이 있다. 전기공사가 필요한 '분전반 타입'은 내장 센서로 흔들림을 감지해 차단기를 내리는 구조다. 제품 중에는 흔들림 감지 3분 후 차단기가 작동해서, 지진이 일어나고 3분 이내에는 전기 사용이 가능한 유형도 있다. 비용은 수만 엔이 든다고 한다. '간이 타입'은 끈으로 차단기에 추를 묶어 지진의 흔들림에 따라 추가 떨어지면서 물리적으로 차단기를 내리는 구조다. 전기공사가 필요 없고 가격이 싸다는 게 장점이다. 3,000엔 정도로 대형 생활용품매장에서 구매 가능한 제품도 있다고 한다. 검토

그림 7 통전화재를 예방하는 감진 브레이커

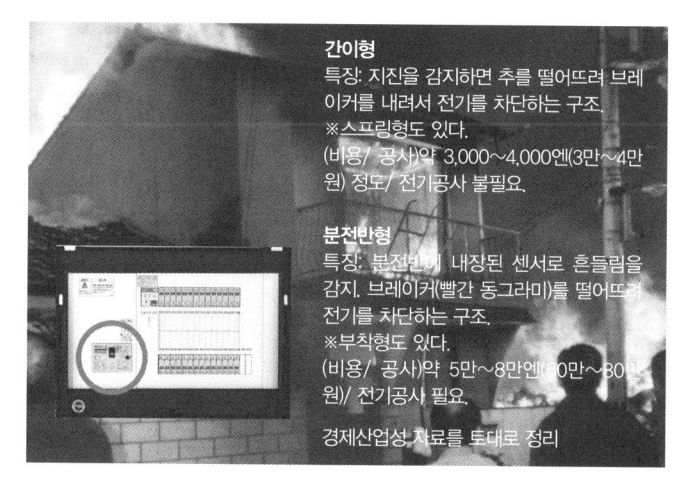

간이형
특장: 지진을 감지하면 추를 떨어뜨려 브레이커를 내려서 전기를 차단하는 구조.
※스프링형도 있다.
(비용/ 공사약 3,000~4,000엔(3만~4만 원) 정도/ 전기공사 불필요.

분전반형
특장: 분전반에 내장된 센서로 흔들림을 감지. 브레이커(빨간 동그라미)를 떨어뜨려 전기를 차단하는 구조.
※부착형도 있다.
(비용/ 공사약 5만~8만엔(50만~80만 원)/ 전기공사 필요.

경제산업성 자료를 토대로 정리

위원회가 실험한 개별 감진 차단기 제품은 내각부 홈페이지에서 확인할 수 있다(http://www.bousai.go.jp/jishin/syuto/denkikasaitaisaku/pdf/guideline_houkoku.pdf 44~45쪽 참조)

보급되지 않는 '감진 차단기' 그 이유는?

감진 차단기는 통전 화재 대책으로 효과적이라는 평가를 받았음에도 불구하고 실제로는 거의 설치되지 않고 있다. 내각부의 2013년 여론조사에 따르면 감진 차단기를 설치했다고 응답한 사람은 6.6퍼센트에 불과했다. 감진 차단기라는 이름 자체가 널리 알려지지 않은 점을 감안하면 이를 설치한 실제 인구는 그보다 적을 것으로 추정된다. 왜 이렇게 된 걸까. 내각부 검토위원회는 이 장치 자체가 널리 알려지지 않은 데다 비용 부담, 지진 후 전기 차단에 대한 거부감 등이 작용했다고 분석한다.

화재 전문가는 또 다른 원인으로 한신·아와지 대지진의 통전 화재 검증이 불충분해 주민에게 위기감이 전달되지 않은 탓도 있다고 강조한다. 한신·아와지 대지진 이후 화재 전문가들은 감진 차단기 보급이 중요하다고 역설해왔다.

1998년 도쿄이과대학 세키자와 아이 교수도 참여한 당시 지방자치성 소방청 검토위원회 보고서를 보면 이미 감진 차단기 보급에 대한 제언이 담겨 있다. 이에 대해 세키자와 교수는 다음과 같이 애석해한다. "통전 화재라는 말도, 개념도 한신·아와지 대지진 이후 생겨났습니다. 제가 대규모 화재를 조사하는 과정에서 전기로 인한 화재에 관해 이야기하는 분을 많이 만나면서 사태의 심각성을 알았고, 이를 막기 위한 방법을 강구해야만 한다고 생각했어요. 정부위원회에서도 통전 화재 방지를 역점 사업으로 삼았습니다. 그러나 통전 화재 자체는 어찌어찌 알려졌어도 이후 감진 차단기 설치가 이루어지지 않아 애타는 마음이었습니다."

세키자와 교수는 지금이라도 감진 차단기 보급을 적극적으로 홍보해야 한다고 거듭 강조했다. "한신·아와지 대지진 자료를 다시 정리 분석한 결과, 원인불명으로 알려졌던 많은 화재가 송전 재개와 밀접한 관계가 있다는 사실도 밝혀졌습니다. 다가올 수도직하지진 등에서 통전 화재 위험을 조금이라도 줄이려면 감진 차단기 설치가 시급합니다."

'한 건의 화재도 허용하지 않는다', 요코하마시의 도전

감진 차단기를 일본에서 가장 적극적으로 설치하는 곳이 요코하마시다. 목조주택 밀집 지역이 시 전체 면적의 12퍼센트를 차지하는 요코하마시는 최대 규모 지진이 발생했을 때 사망자가 1,500명이 넘을 것으로 예상된다. 그 때문에 요코하마시는 2013년부터 감진 차단기를 설치할 경우 비용 절반을 지원하는 제도를 만들었다. 처음 1년 간은 사업이 알려지지 않아 4건 신청에 그쳤지만 꾸준한 홍보 결과 2년 후인 2015년에는 400건까지 지원자가 늘었다.

이 보급을 앞장서서 이끄는 사람이 요코하마시 위기관리

과 오자키 히로키大崎浩樹 씨이다. 2015년 11월 중순, 차단기 관련 업계가 요코하마 역 부근에서 일반인들을 상대로 펼친 '감진 차단기' 홍보 행사에서 오자키 씨를 만났다. 오자키 씨는 오가는 사람들에게 세일즈맨처럼 이야기를 걸며 감진 차단기의 구조와 이점, 지원 제도를 설명했다. 왜 민간업체 행사에까지 참가하며 감진 차단기 보급에 나서는 것일까. 오자키 씨는 다음과 같이 말했다.

"지진이 날 경우 요코하마시는 화재로 많은 사망자가 날 것이라 예상되는 도시입니다. 따라서 지진 대책은 곧 지진 화재 대책이라고 할 정도지요. 불길이 번지는 속도를 늦추는 것도 중요합니다만 그건 화재가 난 뒤의 대책입니다. 반면 감진 차단기는 애초 불이 나지 않도록 하는 방법이지요. 사고 예방이라는 점에서 다른 대책과 다릅니다. 그럼에도 여전히 많은 사람이 통전 화재에 대해 알지 못합니다. 제가 이렇게 나서서 감진 차단기 존재를 알리고 설치를 권하는 건 그 때문입니다."

오자키 씨처럼 지역 안전을 위해 활동을 전개하는 사람들은 또 있다. 요코하마시 나카구의 목조주택 밀집 지역인 마메구치다이정은 2015년 12월 마을모임에 가입한 450세대 모두에 감진 차단기를 무료로 나누어주는 사업을 시작했다. 개당 3,000엔 정도인 '간이형'으로, 시의 지원을 받아 반값에 구입했다. 60만 엔 정도를 주민이 부담해야 했지만 회비로 충당해 전 세대에 보급한 것이다.

우리는 마을의 감진 차단기 보급에 동행했다. 간이형인 이 제품은 차단기에 추를 달아서 지진의 흔들림으로 추가 떨어지는 힘을 이용해 차단기를 내리는 방식이었다. 감진 차단기 부착은 기본적으로 각자가 해결하도록 했다. 60대 여성도 혼자 추를 달았다. 처음에는 직접 추를 달아야 한다는 데 불안감을 느꼈지만 작업이 생각보다 훨씬 수월하게 끝나자 다소 허탈해 하기까지 했다. 그 여성은 "이런 일은 언제나 남자에게 맡겼는데 생각보다 쉽네요. 노인이라도, 여성이라도 할 수 있겠어요."라고 소감을 말했다. 나아가 "전에는 화재를 막기 위해 차단기를 내리러 와야만 했는데, 이걸로 화재를 막을 수 있다니 안심입니다. 마을에서 무료로 나눠준 것도 고맙고요."라고 덧붙였다.

감진 차단기 설치를 추진하는 마메구치다이정의 스즈키 세이치鈴木靜一 씨는 화재에 대한 두려움과 관련해 이렇게 말했다. "노인이 많고 길이 좁은 이 지역에서는 한 건이라도 화재가 나면 공황 상태에 빠지고 말 겁니다. 통전 화재가 가장 무섭다는 의미죠. 비용을 마을에서 부담하는 것이 쉽지는 않앉습니다만 요코하마시의 지원 덕에 차단기 설치를 완료할 수 있었습니다. 한신·아와지 대지진에서 많은 주택이 불타버린 교훈을 살려 이 지역에서는 한 건의 통전 화재도 내지 않겠다, 마을을 확실히 안전하게 만들겠다는 생각입니다."

이 마을의 활동은 지금까지 진행돼온 '점'의 대책이 아니라 '면'으로 통전 화재의 피해를 막겠다는 새로운 발상이다. 한신·아와지 대지진에서 큰 피해를 냈고 수도직하지진 등에서도 가장 큰 피해를 끼칠 것으로 예상되는 통전 화재 대책은 급선무다. 그러나 처방전은 나왔으나 대책의 진전이 없는 게 현실이다. 이런 생각을 하면 "한 건의 통전 화재도 내지 않겠다"는 마을의 결의야말로 믿음직스럽다. 이런 활동을 향후 각지로 확산시킬 필요가 있다.

'화재만 없었더라면…', 지진 이후 21년, 유족의 마음은

고베시 주오구의 히가시 유원지. 그 한편에 한신·아와지 대지진 희생자를 추모하는 장소인 '위령과 복구기념 공간'이 있다. 지상에서 지하로 걸어가면 사람의 이름을 적은 명판이 원형 큰 방 벽면에 나타난다. 명판에는 지진으로 숨진 희생

고베시 주오구 히가시 유원지 안에 있는 '위령과 복구 기념 공간'
지진 희생자와 그 후 숨진 이의 이름을 새겼다. 야부시타 씨의 이름도 여기에 있다.

자와 그 후 지진이 원인이 되어 숨진 피해자의 이름이 새겨져 있다. 이름은 매해 늘어나 2015년 12월에는 새로운 관련사로 17명의 이름이 더해지면서 총 4,989명이 되었다. 희생자를 기리기 위해 방문하는 사람이 바친 꽃다발이 끊이지 않아 장엄한 분위기마저 감돈다.

한신·아와지 대지진 21년이 되기 얼마 전에 한 여성이 이 장소를 방문했다. 뒤늦게 생긴 화재로 언니 야부시타 씨를 잃은 니시야마 히로코 씨였다. 니시야마 씨는 천천히 명판 쪽으로 걸음을 옮겼다. 언니 야부시타 씨의 이름이 새겨진 명판 앞에 서서 큰 백합 꽃다발을 바치고 조용히 합장했다. 그녀는 야부시타 씨에게 이야기라도 걸듯 몇 번이고 명판을 올려다보았다.

니시야마 씨는 매년 1월 17일을 앞두고 이 기념 공간을 방문한다. "오늘은 무슨 이야기를 하셨습니까?" "오늘도 왔어요, 모두 건강하고요…, 이 정도예요." 참배를 마친 뒤 이야기를 건네자 니시야마 씨는 겸연쩍은 웃음을 지으며 언제나처럼 밝은 분위기로 대답했다. 그리고 다른 방문자들에 방해가 되지 않도록 바로 히가시 유원지의 다른 장소로 옮겨 인터뷰를 계속했다.

지진으로 언니 야부시타 씨를 잃고 21년이 흘렀다. 니시야마 씨는 언니와의 추억을 들려주었다. 니사야마 씨는 매년 기념 공간을 찾으면 언니 야부시타 씨의 명판에 꽃다발을 바친다. 야부시타 씨는 꽃을 좋아해서, 지진 전까지 곧잘 둘이서 꽃을 보러 여행했던 것을 지금도 기억하기 때문이라고 한다. 평화롭던 자매의 일상은 지진이 발생하고 4시간 후에 일어난 화재로 멈추고 말았다.

니시야마 씨는 화재로 언니를 잃은 것을 21년이 지난 지금도 원통해 한다. "무엇과도 바꿀 수 없는 사람이니까요. 나를 잘 보살펴주었으니 더더욱 가슴에 남아요. 화재만 없었더라면 언니도 구조되었을지 모르지요. 더 이상 화재가 나서는 안 돼요. 화재만 없다면 목숨을 구할 사람도 있을 테고. 불에 타버리면 어떻게 해볼 도리가 없잖아요…." 마지막은 쥐어짜내는 듯한 목소리였다.

"화재만 없었더라면 언니도 구조되었을지도 모른다." 니시야마 씨의 이 말은 우리 취재팀의 귓가에 오랫동안 무겁게 남았다. 지진에 의한 화재의 가혹함을 드러내주는 말이었기 때문이다. 화재는 일단 발생하면 많은 사람을 집어삼킬 위험이 있다.

이번 우리 취재와 검증에서는 그런 위협만이 아니라 통전 화재를 막을 수 있을지도 모른다는 것, 그리고 다음 지진에 대비해 적절한 대책을 세울 수 있다는 것을 밝혔다. 그러나 지난 21년 동안의 관련 대책은 결코 충분하다고 말할 수 없다. 희생자의 원통함을 씻기 위해서라도 나아가 또 다른 희생자가 나오지 않도록 하기 위해서라도, 한시 바삐 21년 전 한신·아와지 대지진의 교훈에 눈을 돌려 통전 화재 대책을 세우지 않으면 안 된다.

'목숨의 기록'을 발견하다
― 새로운 분석 방법과 방재

자료시각화로 21년 전의 진실에 다가가다

한신·아와지 대지진이 나고 21년 동안 건물 피해와 발화 메커니즘 분석, 다음 피해 대비 등 정부와 지자체, 연구자는 꼼꼼하게 정보를 축적하며 논의를 진행해왔다. 따라서 모든 사실이 밝혀졌다고 생각하는 사람이 적지 않을 것이다. 그러나 접근 방법을 바꾸면 새로운 사실이 보인다.

프로그램 제작은 과거와 새롭게 마주하는 것에서 시작했다. 도조 프로듀서, 요시미 디렉터와 처음 회의를 했을 때 내가 유일하게 부탁했던 것이 있다.

"모든 것을 모은다"는 것이다. 취재팀은 오사카방송국·고베방송국이 중심이었고 도쿄에서 참여한 사람은 내가 유일했다. 역할은 객관적인 시점으로 자료를 분석해 가시화하는 것이었다.

재난 취재는 당시를 생생하게 말해주는 피해자와 소통해

가며 진행하는 경우가 많아 일화 중심이 된다든지, 심각한 피해 지역을 중심으로 전개되기 일쑤다. 그러나 당시를 정확하게 이해하기 위해서는 그것만으로는 부족하다. 숨진 사람의 상황은 모든 지역, 모든 연령, 모든 사인에 따라 검증해야만 한다. 구조에 문제가 없었는지 살피는 과정에서 지역 소방서 활동 기록만이 아니라 전국에서 온 지원대를 조사하지 않으면 '구조공백지역'을 꼬집어 말할 수 없을 것이다. 이 정보들이 모두 따로따로 있는 것은 아니다.

예를 들어 다음과 같은 경우를 생각해보자. ①100세대가 사는 지역에서 ②지진으로 건물이 붕괴해 ③잔해가 도로를 막고 ④교통정체가 발생해 ⑤구조가 막히고 ⑥일부 가옥에서 불이 나 ⑦화재 진압이 불가능한 상황이 이어져 ⑧대규모 화재로 번지고 ⑨그 지역의 사망자, 부상자가 'ㅇ명'이 되었다. ①~⑧은 독립된 자료이다. 인구센서스나 건물 피해, 교통, 화재 등 정보의 질도, 연구 분야도, 분석 방법도 다른 정보가 도미노 게임처럼 서로 영향을 주어서 ⑨로 귀결된다. 하나라도 빠진다면 정확한 논의를 할 수 없을 것이다.

"모든 것을 모은다"야말로 '전모 파악과 상세한 규명'에 다가갈 수 있는 지름길이다. 정보를 한정하지 않고, 또 빠뜨린 사실이 있을 것이라는 신념을 갖고 취재팀은 철저하게 정보

수집을 했다.

정보가 많다고 깊은 사실에 이를 수 있는 것도 아니다. 오히려 방대해서 '새로운 사실'이 파묻혀버린다. 해법은 '기술을 구사한 탐색'에 있다. 프로그램에서는 NHK가 독자 개발한 빅데이터 가시화 시스템 NMAPSNHK data Mashup and Analytic Probe System를 활용했다. 이것은 수십 억 가지의 방대한 자료를 고속으로 처리하는 계산력과 16K의 고화질 능력을 갖추고 있다. 원서 표지와 프로그램 시작 영상은 이 시스템으로 정치하게 그려낸 자료시각화의 결과물이다. NMPAS는 거기다 고도의 필터링 기능도 탑재해서 가령 5,036명의 사망 원인을 분석할 때 연령과 성별, 가족 유무, 사인, 구조 시각, 사망 시각 등 방대한 조합 속에서 순식간에 정보를 추출해 가시화하는 것도 가능하다.

이런 방법은 많은 프로그램 및 재난 보도에서 활용되고 있다. 동일본 대지진의 피해를 검증한 NHK 스페셜 '지진 피해 빅데이터'에서는 수백 만 대의 자동차 주행기록을 이용해 1,000킬로미터 넘게 확대된 교통정체의 메커니즘을 보여주었다. 또 NHK 스페셜 '오키나와 전쟁 전체 기록'(2015년 6월 14일 방송)에서는 위령비 명부 약 9만 명의 기록과 미군의 침공 상황을 디지털 처리해 오키나와 주민이 남부로 쫓겨가 목

그림 8 한신 · 아와지 대지진의 '정보 밀푀유'

컬러 그림 3쪽이 프로그램에서 제작한 '피해지역 정보 밀푀유'이다. 위에서 차례로 '피해 사진' '동영상' '화재 발생 지점(불꽃 아이콘)' '구조 지원 궤적(초록선)' '사망자 분포(빨간점)' '수백만 채의 가옥(폴리곤)' '진도 분포' 등이 겹쳐 있다. 이것도 극히 일부로 지도 정보와 합친 1,200개의 정보층이 이번 취재의 공간이었다.

숨을 잃었던 당시 상황을 드러냈다. NMAPS는 방대한 자료를 다루는 데 능하지만 한신 · 아와지 대지진에서는 정보의 종류가 너무 많아 한 발 더 나아간 연구가 필요했다.

'정보 밀푀유'에 따른 분석

복수의 정보를 어떻게 조합하면 좋을까. '정보 밀푀유'라는 사고방식이 토대가 되었다. '밀'은 프랑스어로 '1,000', '푀유'는 잎을 의미한다. 일반적인 지도는 1,000종류가 넘는 정보의 겹을 이용해 만든다. 지도를 분해해보면 도로와 철도 등의 패스 데이터, 주택과 공원 등의 폴리곤 데이터, 병원이나 전

신주 등의 포인트 데이터, 고압선 등의 입체 정보, 지명 등의
텍스트 데이터, 지도 기호의 아이콘 데이터 등 종류도 형식도
다양하다. 우리는 1,000겹의 정보군 위에 살고 있는 셈이다.
재해가 났을 때는 그 겹이 서로 영향을 주고받아 계속 변해간
다. 한신·아와지 대지진 검증에서는 지진이 발생했던 1995
년 1월 17일 5시 46분부터 72시간의 정보를 쌓아올렸다.

'가시화의 힘'과 '눈의 힘'

정보 밀푀유로 어떻게 정보를 끄집어내는 것이 좋을까. 다른
장에서도 이야기한 '통전과 화재의 관계'를 사례로 소개해보
겠다.

통전을 나타내는 데이터는 '변전소의 위치' '변전소가 담당
하는 지역' '통전한 시각' 등 세 가지이다. 한편 화재에 관한
데이터는 '발화 지점' '발화 시각' '화재가 번진 지역' '화재 진
압 활동 유무' '발화 원인(불명 포함)' '건물 종류'가 된다. 통전
지역은 86곳, 발화 지점은 205군데이니 지역별 조합으로 관
계를 찾아내기 위해서는 요소별로 분포도를 그려 상관관계
를 찾으면 될 것이다. 하지만 수십 차례나 숫자 계산을 반복
하는 것은 현실적이지 않다. 그러면 어떻게 하면 좋을까. 의
지한 것은 '눈의 힘'이었다.

인간은 정보의 80퍼센트를 시각으로 얻는다고 한다. 눈은 글자를 읽거나 색을 구별하는 역할만 하는 게 아니다. 변화와 치우침을 '알아차리는 힘'도 갖고 있다. 205건의 화재 지점을 나타내는 주소가 있어도 경향을 발견하기는 어렵다. 그러나 지도에 표시하면 읽어내는 능력이 비약적으로 향상된다. 지도화된 정보를 본 순간 대다수 사람들이 화재 밀집 지점을 알아차릴 것이다. 게다가 시간 순서대로 움직여 보여주면 집중적으로 발화하는 시간대가 한눈에 들어온다. 나아가 지진이 나고 몇 시간이 지난 후의 '시간차 화재'를 발견하게 된다. 그러면 왜 시간차가 생긴 것일까. 그 수수께끼를 풀기 위해 정보를 더해 간다. 목조와 철골 등 재료별로 색을 달리한 주택 정보와 합친 화재 지도를 바라본다. 교통정체 상황을 촬영한 항공영상을 더해 화재 지도를 본다. 그리고 통전 지역의 시간별 정보를 더했을 때 변화를 알아차렸다. 통전이 있고 15분 정도 만에 여러 곳에서 동시에 화재가 발생한 것이다. 발견한 '새로운 사실의 내용'은 상황을 설명하는 논의 정도로 끝나서는 안 된다. 상세한 수리數理 해석을 진행하고 현장 취재와 증언을 통해 정보의 근거를 찾아 정밀도를 높여간다. 이렇게 해서 통전과 화재의 관련성이 밝혀진 것이다.

　프로그램에서는 이런 방법을 이용해 다양한 자료를 검증

했다. 지진 직후 질식사는 왜 일어났을까? 체력이 있는 20대는 언제 어디에서 숨졌는가? 교통정체로 인해 살 수 있었던 사람이 목숨을 잃은 것은 아닐까? 구조에 지역 차가 있었던 것은 아닌가? 어느 것이나 동일본 대지진 때에도 제기된 보편적인 질문이다.

재해는 정보전의 시대로

'정보수집×정보처리×가시화×의견도출' 과정은 프로그램 취재에 한정된 것이 아니다. 정부와 연구기관, 민간 기업에서도 이런 방식으로 시스템 개발 속도를 높이고 있다. 지진과 쓰나미를 탐지하는 시스템은 정밀도가 높아지고 있다. 수천만 명이 스마트폰과 자동차 내비게이션 GPS의 도움을 받아 이동하고, 매일 수천만 건의 트위터가 날아다니며, 편의점과 슈퍼마켓에서는 1억 번의 구매 행동이 기록된다. 이런 정보를 적절한 방법으로 이용할 수 있다면 피해 실태와 물자 고갈, 구조 필요성 등을 차원이 다른 속도로 망라해서 파악할 수 있을 것이다.

재난에 대비하는 것은 정보전이다. 우리는 한신·아와지 대지진을 잊어서는 안 된다. '목숨을 지키는 기술'의 힌트는 21년 전에 있었다.

6장

교통정체에 빼앗긴 목숨

– 지진이 발생하고 5시간 후

턱없이 부족한 구조의 손길

지진이 발생하고 5시간 후 피해 지역은 새로운 상황을 맞고 있었다. 당일 숨진 사람들 중 500명 가까이가 그 시간까지는 질식사와 뒤늦게 발생한 화재를 피해 살아 있었다. 당시 영상에는 가족과 지인을 도우려고 손을 내밀거나 외치는 사람들의 모습이 기록되어 있다. 무너진 집에 깔린 사람들을 제대로 된 장비도 없이 필사적으로 구하는 모습이었다.

우리는 과거의 영상을 몇 번이나 살펴보았다. 주민들끼리 무너진 집에 갇힌 사람을 구하려고 애쓰는 모습이 여기저기 남아 있었다. "할머니!" 하고 몇 번이나 반복해 외치는 청년의 모습은 그 영상 가운데에서도 특히 인상에 남았다. 그러나 구조는 좀체 진전이 없었다. 소방이나 경찰 등 구조의 손길이 턱없이 부족했기 때문이다.

무슨 일이 일어난 것일까? 다가오는 대지진에서도 같은 일이 일어날 가능성은 없는가? 이번에 우리는 상세한 기록이 남아 있는 소방의 움직임을 철저하게 분석했다. 고베시 소방국을 비롯해 피해 지역에 지원 소방대를 파견한 전국의 소방서도 취재했다. 그 결과 의외의 사실이 밝혀졌다. 효고현은 1월 17일 오전 10시 전국의 소방 당국에 지원을 요청했다. 당일 전국 각지 180곳의 소방대가 피해 지역으로 향했지만 작은 이변으로 빚어진 심각한 교통정체가 구조를 방해하고 말았다.

'정말 도움이 되었던 걸까…', 회한을 풀지 못하는 지원 소방대원

교통정체는 어떤 상황이었을까? 지원 요청을 받고 피해 지역으로 달려왔던 소방대원 중 한 명이 취재에 응했다. 미에현 이가시 소방본부의 전 소방장이었던 아즈마 요스케東庸介 씨였다. 그는 한신·아와지 대지진 당시 합병 전 이가북부 소방본부의 경방과警防課 계장이었다.

소방청이 미에현에 지원대 파견 요청을 한 것은 오후 12시

아즈마 요스케 전 미에현 이가시 북부 소방
본부 경방과 계장(지진 당시)

25분이었다. 그리고 6분 뒤, 당시에는 배치된 곳이 그리 많
지 않던 구조작업차를 가진 이가북부 소방본부에 작업차 지
원이 가능한지 문의가 왔다.

"우리 소방본부 관내에 메이한 국도가 있습니다. 메이한
국도는 '마魔의 메이한 국도'라고 불릴 정도로 1960~1970년
대에 교통사고가 잇따랐습니다. 교통량이 그리 많지 않아 속
도를 내기 쉬운 도로였기 때문입니다. 한 번에 5명이 숨지는
큰 사고도 있었습니다. 그런 이유로 시골 소방본부였지만 전
국에서도 한 발 앞서 구조대를 설치했고 미에현 내에서 처음
으로 구조작업차를 배치한 것입니다. 한신·아와지 대지진이
발생했을 때 미에현에서 구조작업차를 가진 곳은 우리 소방
본부와 공업단지를 끼고 있는 욧카이치시 소방본부 정도였

습니다. 그래서 가장 먼저 파견 요청을 받았던 겁니다."

요청 내용을 물었더니 나고야시 소방본부가 이미 고베로 향했지만 고속도로 통행이 불가능해 지리가 낯선 일반도로를 이용해 피해 지역으로 이동하는 중이라고 했다. 그러니 이가북부 소방본부 대원들이 합류해서 길 안내를 하며 함께 피해 지역으로 가주면 좋겠다는 내용이었다. 아즈마 씨 등 이가북부 소방본부 대원 5명은 헬멧과 안전화, 방한복 등을 허겁지겁 준비했다.

오후 2시, 나고야시 소방본부 대원을 만난 이가북부 대원들은 아즈마 씨를 대장으로 하여 고베시를 향해 출발했다. 조금이라도 빨리 현장으로 가려는 마음이 급했다. "1분1초라도 빨리 도착해 사람을 구하자. 그 철칙은 소방관이라면 어느 현장이든 변함이 없습니다. 빨리 사람을 구하고 싶다, 함께 가던 대원들 모두 같은 생각이었을 겁니다."

이가북부 소방본부를 출발한 아즈마 씨 등 대원들은 국도 163호선을 통해 오사카 방향으로 향했다. 사이렌을 울리며 긴급 주행으로 이동했기 때문에 오사카우메다에 들어간 것은 오후 3시 반쯤이었다. 거기까지는 막힘이 없었다.

그러나 이후부터 좀처럼 진행이 안 되었다. 상상도 못한 교통정체가 기다리고 있었다. "고베시에 친척이 있어서 몇 번 간 적이 있었어요. 여러 차선이 있는 국도로 빠질 경우 빨리 도착할 거라고 생각했습니다. 그런데 우메다에서 교통정체를 만난 겁니다. 큰 교차로에 많은 차들이 갇혀서 사이렌을 울려 길을 열어달라고 부탁했습니다. 그랬더니 지진 이후 안부 확인을 위해 그쪽으로 운전해 가던 사람이 화난 목소리로 '시끄러워요. 눈으로 보면 소방대인지 아니까 사이렌 울리지 말고 가요' 하며 꾸중을 하더라고요. 사이렌은 껐습니다만 좀체 앞으로 나아가지 못했습니다."

느릿느릿 국도 163호선을 빠져나와 국도 2호선으로 갔다. 효고현 아마가사키시로 들어간 것은 오후 6시 12분쯤이었다. 불과 8킬로미터를 가는데 3시간 가까이 걸린 셈이다. 그러나 아마가사키 시내에서 아즈마 씨 등 대원들은 전혀 움직일 수가 없었다. 아즈마 씨가 당시를 이렇게 회상했다.

"창문 너머로 무너진 건물이 보여서 드디어 피해 지역에 들어왔다고 긴장을 했습니다. 그래도 차는 움직이지 않았어요. '이 구조작업차는 무엇을 위해 고베시를 향해 오는가. 인명 구조는 시간과의 싸움인데' 하는 초조감이 점점 심해졌습니다. 아이들처럼 지금 이 순간 날개라도 있었으면 하고 생각했습니다."

그러던 참에 아마가사키 서부경찰서 경찰차가 지나갔다.

"앞에서 이끌 테니 국도를 역주행하라더군요. 아무리 경찰차가 선도한다고 해도 역주행이라니, 무서운 일이었어요. 하지만 피해 지역으로 조금이라도 빨리 가기 위해서는 다른 방법이 없었습니다."

아즈마 씨의 이가북부 소방본부와 나고야시 소방본부 대원들은 경찰차의 선도를 받아 국도 2호선을 역주행해 니시미야시에서 고베 시내로 들어갔다. 오후 8시 반, 드디어 목적지인 고베시 소방국 히가시나다 소방서에 도착했다. 출발한 지 6시간 반 만이었다. "보통 때라면 고속도로를 달려 3시간이면 도착합니다. 시간이 두 배나 걸린 겁니다."

현 경계를 넘어 지원을 나가는 것은 전례가 없는 일이었다. 아즈마 씨 등은 장비 준비를 마치자마자 출발하는 바람에 먹을 것을 챙기지 못했다. 마시지도 먹지도 않고 6시간 반 걸려 히가시나다 소방서에 도착해 작업에 들어가기 전에 우선 먹을 것을 구해야겠다고 생각했다. 당연한 일이지만 그 소방서에도 먹을 것이 부족했다. "먹을 것을 보급해달라고 요청했습니다만 건네받은 것은 일인당 단과자빵 한두 개 정도였습니다. 그것만으로 감사했습니다. 그 난리통에서 최선을 다한 거니까요."

빈속을 채우자마자 현지 소방서와 활동 관련 회의를 했다.

이후 주변상황을 확인하려고 아즈마 씨와 대원들은 밖으로 나갔다. 눈에 들어온 것은 다시 길을 가로막는 정체였다. "시가지 도로는 건물 붕괴로 차량이 다닐 수 없는 상태였습니다. 건물만이 아니라 전신주도 여기저기 넘어져서 전선이 널려 있었어요. 위험하기 때문에 우회로를 찾았지만 그곳 역시 조금만 가면 전신주가 넘어져 앞으로 나아갈 수 없었습니다. 철거도 불가능해 조금씩 앞으로 나아가는 식이었습니다."

도쿄대학의 이에다 히토시 교수 그룹이 한신·아와지 대지진 당일 항공사진을 토대로 고베시와 아시야시 7개 지구를 조사한 결과, 도로 폭 8미터 미만인 곳의 경우 붕괴한 건물과 전신주 등으로 차량이 다닐 수 없는 상태가 다수였다고 한다.

항공사진으로 알아낸 의외의 교통정체 원인은

교통정체의 원인은 무엇이었을까. 이번에 우리는 국토지리원이 촬영한 170장의 항공사진을 최신기술로 이어 붙였다. 각각의 사진은 중복되는 부분도 있어서 연결하려면 맞지 않는 부분이 생겨난다. 그러나 지도상에서 어긋난 부분을 최

국도 2호선 니시미야시의 '슈쿠가와교'
항공사진은 교통정체의 시작 지점(하얀 동그라미)을 담고 있다.

소화해 도로상황을 선명하게 드러냄으로써 자세한 교통정체 분석이 가능했다. 범위는 고베시를 중심으로 한 피해 지역으로, 동쪽으로 아마가사키시, 서쪽으로 고베 시내를 거의 덮는 일대를 촬영한 것이었다.

항공사진에는 당시 도로 상황이 그대로 기록되어 있었다. 우리는 아즈마 씨 등 현 외부에서 지원 온 다수의 대원이 이용한 국도 2호선에 주목했다. 사진을 보면 동서남북 전 방향에서 교차로에 진입하는 차량과 화재 현장을 피해 탈출하는 차들이 몰려 있다. 정전으로 교통신호가 멈춘 영향까지 더해

슈쿠가와교에서 무슨 일이 일어났을까
지진으로 다리 하부 슬래브에 30㎝의 단차가 생겼다. 이것이 원인이 되어 자동차(사진 오른쪽 모습)가 '보도'로 우회했기 때문에 극심한 정체가 발생한 것이다.

져 여러 곳에서 교통정체가 발생했지만, 특히 정체가 심했던 곳은 니시미야에서 오사카까지 이어진 18킬로미터 구간이었다(항공사진에서는 아마가사키~니시미야 사이만 촬영되어 있다). 오사카에서 고베로 향하는 편도 3차선 도로가 자동차로 가득했다.

교통정체를 동에서 서로 살펴보니 효고현 니시미야시의 슈쿠가와교夙川橋까지 이어졌다. 여기에서 대체 무슨 일이 일어난 걸까. 우리는 니시미야시가 공개한 지진 당시 사진 자료를 조사했다. 그 결과 의외의 원인이 교통정체를 일으켰다는 것을 알았다.

'슈쿠가와교'는 남북으로 흐르는 하천에 동서로 놓인 20미터 길이의 다리다. 그런데 지진으로 다리 하부 슬래브가 뒤틀려 30센티미터 가량의 단차가 생겼다. 당시 NHK 영상도 찾았다. 많은 자동차가 단차를 피해 뒤틀림이 적은 보도로 우회해 통행하는 모습이 이 영상에 남아 있었다. 사람이 걷는 정도의 속도였다.

많은 차량이 급히 속도를 줄인 탓에 정체가 일어난 것이다. 촬영 시간은 지진이 나고 12시간 이상 지난 저녁 7시. 이 시간에도 정체는 해소되지 않았다.

정체를 악화시킨 승용차 이용

게다가 사람들의 행동도 정체를 악화했다. 항공사진을 살펴보면 도로에 나온 차량들 대다수는 구조차량이 아니라 일반 승용차였다.

사람들은 왜 차를 이용한 것일까. 고베쇼센대학(당시)에 차량 이용자 의식 설문조사 자료가 남아 있었다. 지진 직후 '지진 시 차량을 이용한 사람'을 대상으로 조사한 자료다. 그 가

그림 9 **지진 당일의 자가용 이용 목적(한신 지역과 그 주변)**

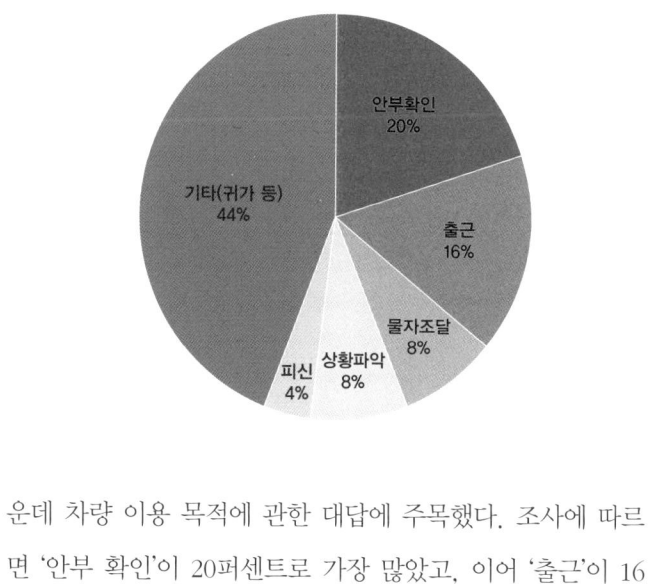

운데 차량 이용 목적에 관한 대답에 주목했다. 조사에 따르면 '안부 확인'이 20퍼센트로 가장 많았고, 이어 '출근'이 16퍼센트, '물자 조달' '상황 파악'이 8퍼센트였다.

조사를 진행한 고베대학 오다니 미치야스小谷通泰 교수는 이 결과에 대해 "지진 직후 피해 지역 내에서는 피해 전모를 파악하는 게 매우 어려웠다. 전화나 휴대전화도 연결이 안 돼 많은 사람들이 불안에 사로잡혀 가족이나 친척, 친구의 안부 확인을 위해 나섰다"고 말했다. 그는 이어 이렇게 지적했다. "통행불가능한 도로가 곳곳에 생기고 신호등도 작동하지 않는 상황에서 이런 자가용 이용이 결과적으로 대규모

교통정체를 초래했다. 그로 인해 긴급 차나 구급차량 통행을 가로막는 요인으로 작용했다는 것을 부정할 수 없다." 가족이나 지인의 안부를 확인하기 위해 많은 사람이 몰고 나온 승용차가 결국 구조를 가로막는 장애물이 된 것이다.

현지에서 분투한 지역 소방관들의 여한

피해 지역을 횡단하는 국도 2호선. '생명의 도로'라고도 불리는 이 도로변에서는 많은 사람들이 도움을 기다리고 있었다. 권두에 실은 컬러그림 7쪽의 왼쪽 아래 그림은 이가북부 소방본부의 아즈마 씨가 오사카우메다에 도착하기 조금 전인 오후 3시쯤 히가시나다구 주변 상황이다. 당일 숨진 사람 중 이 시각에 생존해 있었던 것으로 보이는 사람을 나타낸다. 이들은 구조의 손길이 닿지 않아 그 후 차례차례 목숨을 잃었다.

지원 부대가 좀처럼 도착하지 않는 상황에서 히가시나다구 소방대원들은 필사적으로 구조활동을 진행했다. 그 중 한 명이 히가시나다 소방서 소방방재과(당시)의 하나야마 노부루花山昇 씨다. 그는 지금도 여한이 크다고 말한다. 구조 계장

하나야마 노보루 고베시 히가시나다소방서
소방관

이어서 현장에 가는 일은 줄었지만 당시의 상황을 가슴에 그대로 간직한 채 20년 넘는 세월이 흘렀다.

지진 당일 하나야마 씨는 숙직 근무를 했다. 심야 응급환자 이송을 끝낸 뒤 잠시 눈을 붙인 사이 큰 흔들림이 덮쳤다. 벌떡 일어나 소방서 밖으로 나온 하나야마 씨는 완전히 바뀌어버린 고베 시가지를 목격했다. "엄청난 일이구나." 흔들림이 있은 직후부터 하나야마 씨는 대응 작업에 나섰다. 근처 주민들이 구조를 요청하러 소방서로 달려왔다. 그러나 그 숫자는 오전 8시에 벌써 200명인지 300명인지 알 수 없을 정도가 되었다.

이래서는 상황 파악을 할 수 없다고 생각한 하나야마 씨는 소방서 안을 돌아다니며 종이란 종이, 연필이란 연필은 모두 모았다. 그리고 찾아오는 주민들에게 "주소와 이름, 누가 묻혀 있는지 써주세요."라고 부탁했다. 순식간에 정보를 담은 종이가 쌓여서, 5센티미터 정도 두께가 되었다. 상상을 뛰어넘는 구조가 요구됐던 오전 8시가 지났을 무렵 하나야마 씨는 한 가지 결심을 했다.

"저는 본래 아픈 사람 등을 이송하는 구급대였습니다. 그러나 그걸 따질 경황이 아니었습니다. 많은 사람이 시시각각 목숨을 잃어가는 상황이었으니까요. 몇 명의 대원을 데리고 구조를 위해 소방서 쪽으로 갔습니다."

하지만 장비도 인력도 부족한 상황에서 하나야마 씨는 가혹한 현실과 맞닥뜨렸다.

'O'와 'X' 잊을 수 없는 기억

구조에 나선 하나야마 씨와 대원들이 손에 든 것은 소방서 안에 있던 삽과 쇠지레 등 간단한 장비뿐이었다. 그나마 몇 개되지도 않았다. 손으로 잔해를 치우는 단순한 작업 말고는할 수 있는 게 없었다. 하나야마 씨는 "더 큰 장비만 있었더라도 더 많은 사람을 구할 수 있었을 텐데." 하는 여한이 지금도 가시지 않는다. 중장비가 없어 잔해를 치울 수 없었으

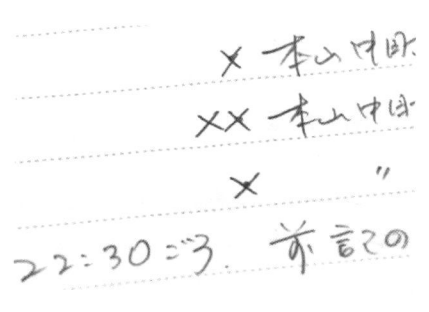

구조 작업을 상세히 기록한
하나야마 씨의 메모
'X' 표시는 사망을 나타낸다.

므로 하나야마 씨는 현장에서 잔해 틈새로 몸을 집어넣어 갇힌 사람들에게 계속 말을 걸었다.

"무서웠습니다. 주민들은 진입 금지된 잔해 속으로 제가 들어가야 했어요. 사명감이 없었다면 불가능한 일이었습니다. 아마 지금이라면 선뜻 들어갈 엄두를 못 낼 거예요." 장비를 충분히 갖추지 못한 상황에서 구조는 난항을 거듭했다. 반응이 있는 사람들을 우선 구조하고 나머지는 포기해야 했다.

하나야마 씨는 지금도 소중히 간직하는 게 있다. 구조 작업을 상세하게 기록한 메모다. 21년 전부터 소중히 보관하며 몇 번이고 반복해서 보았다. 그날의 일을 잊지 않고 매일의 임무를 해내야겠다고 생각했기 때문이다. 메모에는 동그라미 'O'와 'X'가 표시돼 있었다. X표시를 가리키면서 하나야마 씨는 말했다. "이 기호는 구출했지만 숨진 상태이거나 아예 구출을 포기할 정도로 죽음이 명확한 상태였다는 표시입니다."

하나야마 씨는 오전 8시 반, 첫 구조 현장에서 한 여성의 사망을 확인했다. 그 뒤 구조 요청을 받고 북서쪽으로 이동해 9시에 한 사람을 구출했다. 정오쯤 소방서로 돌아오기까지 구조에 나선 곳은 네 군데였다. 5명을 구출했지만 3명은 숨져 있었다.

구조를 요청하는 가족의 성난 말도 들었다. "구출이 불가능한 상황임을 알려도 받아들이지 않는가 하면 '살인자'라고 욕하는 사람도 있었습니다. 그들에게 무릎 꿇고 사죄를 했습니다." 취재팀을 똑바로 응시하고 질문에 답하던 하나야마 씨가 이 대목에서 고개 숙이고 울먹이는 소리로 말했다.

사람들을 구조할 수 없었다는 상처는 유족만이 아니라 구조에 나섰던 사람도 고통스럽게 만들었던 것이다. 지진의 가혹함을 다시금 마주하는 순간이었다.

모은 정보를 살리지 못하고

많은 사람이 목숨을 잃은 배경에는 정보 공유가 원활하지 않은 점도 있었다고 하나야마 씨는 말한다. 전화가 연결되지 않는 상황에서 많은 사람이 소방서로 몰려들었다. 정보를 정리하기 위해 메모지에 기록하도록 했지만 그 정보를 제대로 살리지 못했다는 것이다. 모은 정보만으로는 누가 어떤 상황에 처했는지 알 수 없었으므로 당장 구조에 나서는 건 불가능에 가까웠다.

하나야마 씨가 처음 밖으로 나가 향한 곳은 동쪽 히가시나다구 다나카정 방향이었다. 어느 정도 정보는 머리에 있었지만 앞서 말했듯 구조를 위해 갈 수 있는 현장은 오전 중 네 곳에 그쳤다. 구조를 마칠 때마다 주변 사람들이 "여기도 묻힌 사람이 있다"며 붙잡았기 때문이다. 눈앞에 구조를 요청하는 사람이 있는데 그것을 무시하고 다른 현장으로 갈 수는 없었다. 그 때문에 정보를 접수한 장소로 가기 어려웠던 측면도 있었다.

하나야마 씨는 "이런 초기 상황에서는 주민과 소방대원의 협력 아래 묻힌 사람에 대한 정보를 모은 뒤 그것을 토대로 효율적으로 구조를 진행하는 게 절실합니다. 그것만 제대로 이루어졌어도 더 많은 사람을 구할 수 있었을 겁니다."라고 말했다. 하지만 긴급 사태가 발생했을 경우 정보를 정리해 공유하는 일은 지금도 해결되지 않은 과제이다.

구조를 기다렸던 사람들은?
가족 모두가 묻혀버린 오토리이 씨

NHK는 지진 직후부터 재난을 당한 사람들을 상대로 설문조사를 실시해 건물 피해와 숨진 사람의 상황 등을 상세한 기록으로 남겼다. 우리는 그 기록과 과거 20년에 걸친 취재 메모를 토대로 피해자와 유족들의 이야기를 다시 듣기로 했다.

"30분만 더 일찍 구조의 손길이 닿았더라면 살았을지 모릅니다." 유족들의 회한은 시간이 흘러도 가시지 않는다. 취재에 응한 사람들은 21년이 지난 지금도 이야기하는 게 괴롭다고 말했다. 그럼에도 "미래의 재난에서 목숨을 지키는 일에 도움이 된다면"이라는 마음으로 자신의 경험을 이야기하는 사람들이 적지 않았다. 그 중 하나가 오사카부 이즈미시의 오토리이 신지大鳥居慎司 씨다. 지진 당시 오토리이 씨는 흔들림과 화재 피해가 컸던 고베시 히가시나다구 우오자키키타정에 살고 있었다. 아내 유미코裕美子 씨(당시 32세)와 아들, 딸로 구성된 4인 가족이었다. 살던 집은 지진이 일어나기 10년 전에 이사해온 목조 2층 주택이었다. 취재 때 그가 보여준 지진 이전의 사진에는 정원에 파라솔을 펴고 가족이 단란하게 쉬는 모습이 담겨 있었다. 집에서 음악교실을 열었던 아내 유미코 씨가 웃는 얼굴로 아이들에게 피아노와 전자오르간을 가르치는 사진도 여러 장 보였다. 네 명의 단란한 가족에게 진도 7의 지진이 덮쳤다. 가족들은 1층 침실에 나란히 누워 자고 있었다. 오토리이 씨가 당시의 기억을 되살렸다.

"지진으로 흔들리던 순간은 영화에서 괴수가 집을 집어올리는 것 같은 느낌이었습니다. 거대한 괴수가 손으로 집어올려 집을 흔드는 듯했어요. 격렬한 진동 직후 정전으로 깜깜해졌고 순식간에 집이 무너졌습니다."

오토리이 씨와 4세 아들 위로 집의 흙벽이 덮쳤다. 조금 떨어진 곳에서 자던 아내 유미코 씨와 2세 딸 위로는 집의 들보가 얹혔다고 한다. "딸의 다리 위에 들보가 얹힌 것이 눈에 들어왔습니다. 하지만 아내는 어떤 상태인지 알 수 없었습니다. 얼마 떨어지지 않은 거리였지만 칠흑 같은 어둠이라 보이지 않았던 겁니다."

그러나 지진 직후 오토리이 씨는 그렇게 절박하지 않았다고 한다. "그 후 '이게 뭐지' 혹은 '아이고' 하는 아내 목소리가 들렸습니다. 딸도 울고 있었고요. 목소리를 낸다는 것은 숨을 쉴 수 있다는 의미잖아요. 그래서 '불은 나지 않은 듯하니 서두르지 말자'고 말을 건넸습니다."

얼마 뒤 오토리이 씨는 집 근처로 누군가가 지나가는 것을 느꼈다. 구조를 요청하려고 "여기 사람 있어요!" 하고 몇 번이나 소리쳤다. 그러나 잘 듣지 못하는 것 같았다. "부상자 2명!" "중상자가 있어요!" 하고 몇 번인가 외치자 그제야 근처 주민이 알아차렸다. 아내 유미코 씨도 신음 소리를 냈다고 한다.

"아내는 한동안 대답도 하고 의식도 또렷했습니다. 저는 누군가가 반드시 우리를 구해줄 거라고 믿었습니다." 그러고 얼마 뒤 오토리이 씨와 아들을 이웃 주민들이 구해냈다. 그러나 1미터쯤 떨어져 있던 유미코 씨와 딸의 구조는 무거운 들보 때문에 좀처럼 진척이 없었다. "딸은 다리가 끼었지만 '예' 하는 대답이 들렸기 때문에 괜찮다고 생각했습니다. 하지만 경찰이나 소방대원이 오는 기색은 없었고 우리에겐 장비도 없었습니다."

의식이 있었던 아내의 맥박이 뛰지 않는다

이웃이 어딘가에서 자동차 잭을 가지고 왔다. 오토리이 씨와 이웃 주민은 동원할 수 있는 공구들을 모두 이용해 딸을 먼저 구출했다. 다음은 아내 유미코 씨 차례였다. 그러나 쉽지 않았다. 몸 전체에 들보가 얹혀 잘못 움직이면 오히려 가슴을 압박할 수 있었다. 주민들이 손으로 조금씩 잔해를 치워 마침내 아내를 구해낸 것은 지진이 발생하고 4시간 남짓 지난 오전 11시경이었다. 하지만 유미코 씨는 숨을 쉬지 않았다고 한다.

"충격이었습니다. 아내의 맥을 짚었지만 뛰지 않았습니다. 잘못 짚은 것이기를 바라며 곁에 있는 사람에게 맥을 확인해 달라고 부탁했습니다. 지금 생각하면 힘든 일을 시켰던 거지요. 그 사람이 아내의 손목을 잡아보고 머리를 흔들었습니다." 마지막 희망을 갖고 병원으로 이송했지만 의사는 유미코 씨의 사망을 확인했다. 사인은 외상성 쇼크사였다.

"지진이 일어나기 전날 가족 네 명이 오사카 교통과학관에 갔습니다. 그때는 제가 일로 아주 바쁜 시기였지만 휴가를 내서 아내도 아이들도 즐거운 듯했습니다. 재충전했다며 집으로 돌아와 기분 좋게 잠든 기억이 납니다. 아내도 아주 만족스런 얼굴이었어요. 다음날 새벽 지진이 일어났고, 전날과 너무 달라진 현실을 차마 받아들이기 힘들었습니다."

아내와 지낸 즐거운 기억이 차례차례 되살아났다고 한다. "아내는 상냥할 뿐 아니라 매우 똑똑한 사람이었습니다. 게다가 동물, 특히 개를 좋아했지요. 음악교실에도 열심이어서, 두 아이가 어릴 때는 베이비시터를 써가며 음악교실에 오는 아이들을 가르쳤습니다. 삶의 보람을 만끽하고 있었을 텐데, 생각지도 않던 지진으로 숨졌어요. 아내가 미래를 잃은 것이 너무도 안타깝습니다."

지진 후 오토리이 씨는 오사카부 이즈미시로 이사를 했다. 두 아이를 보육원에 맡기고 일터인 철도회사를 다녔다. 그러나 아내를 잃은 슬픔으로 얼마 동안 고통스러웠다. "자연의 힘을 이길 수야 없겠지만, 누구에게도 분노를 쏟아낼 수 없었습니다. 지진이 없었다면 얼마나 좋았을까, 왜 내게 이런 고통이 닥친 것일까, 몇 번이고 생각했습니다. 정말이지 어떻게 살아가야 할지 몰랐습니다. 그 와중에 저를 지탱해준 것은 아이들이었습니다. 아내를 위해서라도 어떻게든 아이들을 제대로 키워야겠다고 다짐했습니다."

지진으로 가족을 잃은 사람들의 연대

그러나 아이들 역시 어머니를 잃은 충격으로 한동안 고통을 겪었다. 학교에 다니기 힘들 만큼 정신적으로 불안정한 시기를 견뎌내야 했다. "아내는 아이들을 나무라는 방식도 능숙

해서 상냥함과 엄격함이 균형을 이루었습니다. 그것을 배워 아이들을 키워야 했지만 생각처럼 되지는 않았습니다."

불안정한 상태가 조금씩 개선된 것은 지진으로 가족을 잃은 사람들 간 연대 덕이었다. 엄마를 잃은 두 아이의 마음을 잡아주기 위해 애쓰던 오토리이 씨는 어느 날 지진으로 부모를 잃은 아이들이 이용하는 '고베 레인보우 하우스'에 두 자녀를 데리고 갔다. 거기서 비슷한 체험을 한 부모 및 아이들과 교류하는 과정에서 마음도 생활도 안정되기 시작했다.

"아이 돌보는 일을 거의 전담하던 아내가 떠난 후 저 혼자 육아와 일을 병행해야 했습니다. 현실적으로 무리였지만 최선을 다하려고 발버둥쳤어요. 그런데 다른 피해자들과 이야기를 나누면서 가능한 것만 하면 된다는 걸 터득했습니다."

오토리이 씨 자택 맨션 거실에는 아내 유미코 씨의 웃는 얼굴 사진이 걸려 있다. 아내가 떠난 자리에서 나름대로 최선을 다해 육아를 하며 오토리이 씨는 쉬지 않고 달려왔다. "아내 사진을 볼 때마다 꾸중을 듣는 듯한 기분이 들었습니다. '당신, 더 제대로 해요'라고 말하는 것만 같았어요. 일상생활도, 공부도 아내에게 맡기기만 했으니까요. 가끔 내가 죽고 아내가 살았더라면 아이들이 더 행복하지 않았을까, 생각도 해요. 그래도 어쨌든 아이들을 성인이 될 때까지 잘 키워야 한다, 그때까지는 죽을 수 없다는 결심도 하고요. 부족한 저마저 없다면 아이들에게는 아무도 없는 거니까요."

정신적인 충격이 컸던 아이들은 서서히 안정을 찾아 매년 1월 17일 고베 레인보우 하우스에서 열리는 추모 모임에 참가하는 등 같은 체험을 한 사람들과 함께 다시 일어섰다.

한신·아와지 대지진이 있고 16년 만에 다시 대재난이 일어났다. 2011년 3월 11일 발생한 동일본 대지진이다. 이 지진으로 부모를 잃은 아이들은 이와테, 미야기, 후쿠시마 3개 현에 걸쳐 약 1,800명에 이른다. 오토리이 씨는 자신의 체험을 살려 도움을 주고 싶은 마음에 피해 지역을 방문, 부모나 자식을 잃은 피해자의 이야기에 귀를 기울였다.

한신·아와지 대지진이 난 지 21년, 오토리이 씨의 두 아이는 이제 성인이 되었다. 아들은 댄서의 길을 걷겠다는 꿈을 위해 노력중이고, 딸은 관광목장에 취직해 매일 바쁜 나날을 보낸다. 살아남은 사람은 온 힘을 다해 현재를 살아야 한다고 생각하지만, 지금도 여한이 사라지지 않는다고 오토리이 씨는 말한다.

"확실히 살릴 수 있었는지 여부는 불투명하지만, 지진 직후 들었던 아내 목소리가 생생해요. 게다가 의식도 있었으므로 신속한 구조만 이루어졌다면 어땠을까, 하는 아쉬움을 지울 수가 없습니다. 지진으로 가족을 잃은 우리는 1995년 1월 17일을 경계로 인생이 바뀌어버렸습니다. 역사에 만약이란 없고 시간을 되돌릴 수도 없지만, 그때로 돌아갈 수만 있다면 더 튼튼한 집에서 살아야겠다는 생각을 거듭 합니다."

오토리이 씨는 아내를 잃은 가슴 아픈 사연을 들려준 후 중요한 몇 마디를 덧붙였다. 지진이 나고 21년, 한신·아와지 대지진 이후에도 큰 지진이 계속되는 상황에서 지금 우리에게 시급한 대책은 주택 내진화와 지역 방재 능력 강화라고 그는 강조한다. "지진에 무너지지 않는 튼튼한 집을 만드는 게 무엇보다 중요합니다. 나아가 경찰과 소방의 초동 태세를 강화하는 것도 절실합니다. 그렇게 해도 바로 달려오지 못하는 상황이 발생할 겁니다. 그럴 때 필요한 것이 주민의 힘입니다." 언제 일어날지 모르는 재난에서 목숨을 구하기 위해서라도 우리는 유족 오토리이 씨의 말을 가슴에 새겨야 한다.

미에에서 달려온 아즈마 씨도 힘든 상황에…,

미에현 이가시에서 고베로 구조를 위해 달려가던 이가북부 소방본부의 아즈마 소방관이 오사카우메다에 도착한 것은 오후 3시 반쯤이었다. 히가시나다구 주변 지도 한가운데를 지나는 것이 국도 2호선인데(권두 컬러그림 7쪽 참조), 파란색으로 표시한 사람들은 이 시각에 아직 살아 있었던 것으로 보인다. 하지만 극심한 교통정체를 겪으며 아즈마 씨가 고베에 도착한 오후 8시 반에는 거의 모두 사망을 표시하는 빨간색으로 바뀌었다. 구조가 빨랐더라면 구할 수 있었을지 모르는 목숨이 숱하게 많았다는 점을 보여준다.

피해가 심했던 히가시나다구 후카에혼정으로 이동해 오후 9시 반부터 구조활동을 시작했다. 얼마 지나지 않아 한 여성이 아즈마 씨에게 달려왔다. "젊은 남자가 깔려서 아버지가 구조하고 있지만 장비가 없어 애를 먹는다며 도와달라고 애원하고 있어요." 여성의 안내에 따라 현장으로 향했다. 붕괴한 목조주택 잔해 사이로 오른손이 드러난 구조 대상자를 발견했다. 아와지시마에서 달려왔다는 아버지가 잭으로 무너진 집을 들어올려 보려고 애쓰고 있었다.

오후 10시 반에 구조 작업을 시작했다. 조명을 설치해 발디딜 부분을 확보한 뒤 주위에 구조를 방해하는 것이 없는지 확인했다. 건물 틈으로 블록을 넣어 여진이 나더라도 2차 피해를 막을 수 있도록 조치했다. 그런 뒤 전동커터와 톱을 이용해 남자를 끌어낼 수 있도록 틈을 넓혀갔다.

"구조를 시작한 시점에 이미 남자의 손은 움직이지 않았습니다. 더 빨리 왔더라면 좋았을 텐데, 아쉬움이 가득했지요. 틀렸다고 생각하면서도 간절한 마음으로 작업을 했습니다. 그러나 잔해가 계속 무너져 구조를 중단했다가 재개하기를 반복했지요. 드디어 건물에서 남자를 끄집어낸 것은 날짜가 바뀐 1월 18일 오전 3시 반이었습니다."

26세의 청년은 이미 숨을 쉬지 않았다. 아즈마 씨와 구조 대원들은 오랜 시간에 걸친 구조에 지친 데다 목숨을 구하지 못했다는 자책감에 짓눌렸다. "구조한 청년이 살았다면 힘든 것도 보상을 받았겠지만 그러지 못했습니다. 가족들에게 그 남자를 인도하던 때, 무어라 말로 할 수 없는 답답함으로 고통스럽던 기억이 생생합니다."

아즈마 씨 등 지원 소방대원들에게 잇따라 구조 요청이 왔다. 첫 구조작업이 한창일 때 경찰이 다른 현장으로 가서 구조해주기를 요청했다. 경찰 기동대원이 구조작업을 하고 있지만 장비가 없어 곤란을 겪는다는 것이었다. 아즈마 씨는 나고야시 소방대 대장과 그 현장으로 갔다. "두 번째 현장으로 가는데, 광장과 공원에 피난한 사람들이 보였어요. 그들이 떨리는 몸을 담요로 감싼 채 불가에 앉아 망연자실한 얼굴로 하늘을 보며 긴 밤과 싸우고 있었습니다. 간토 대지진은 사진으로밖에 알지 못하지만 그때 피해자들도 같은 상황이었을 거라는 생각을 하며 현장으로 향했습니다."

현장에 도착해보니 젊은 남자가 붕괴한 철골 2층 건물 안에서 전신이 철골에 끼인 채로 있었다. 남자는 "난 틀렸어. 이제 됐어. 어찌 되든 상관없어."라고 자포자기 상태로 외치고 있었다. 아즈마 씨는 "괜찮아 힘내."라고 소리치며 꾸짖듯 남자의 의식을 일깨웠다고 한다. 그 후 이 남자는 나고야시 대원들이 구출했다. 아즈마 씨와 이가북부 소방본부 대원들은 경찰과 함께 이송을 도왔다. 휴식을 위해 히가시나다 소방서로 돌아왔을 때는 지진이 나고 하루가 지난 18일 오전 6시 19분이었다. 주먹밥과 단과자빵으로 배를 채우고 잠깐 선잠을 잤다.

그날 오전 9시 20분 아즈마 씨와 대원들은 다시 구조를 위해 나섰다. 도로 가에 담요로 말아서 뉘여놓은 시신들이 보였다. 붕괴된 가옥에서 시신을 끄집어낸 피해자가 다가와 "시신을 어디로 가져가면 되나요. 어떻게든 도와주세요." 하고 애원했다. 아즈마 씨는 시신을 앞에 둔 그를 외면할 수도, 뾰족한 방법을 알려줄 수도 없었다고 한다. "납작해진 몸 일부가 담요 안에서 비어져 나온 시신도 있었습니다. 이곳을 빨리 떠나고 싶다는 생각이 몇 번이고 엄습했습니다. 소방관

생활을 하면서 그처럼 사명감 없는 스스로를 발견한 것도 처음이었습니다."

지진이 나고 이틀째, 아즈마 씨와 대원들은 최초 현장으로부터 약 2시간 떨어진 곳의 붕괴된 건물에서 83세 여성을 구출했다. 그러나 이미 숨진 뒤였다. 이후 다른 목조주택 붕괴 현장에서도 구조작업을 폈지만 그 사람 역시 사망한 상태였다. 시신은 똑바로 볼 수 없을 만큼 손상되어 있었다. 먹을 것도 없고 잠깐 선잠을 잔 것뿐이라 아즈마 씨와 대원들은 18일 저녁 다른 부대와 교대했다. 이틀 간 작업을 통해 그들이 구조한 사람은 네 명, 그 중 생존자는 한 명뿐이었다.

"우리 소방 일은 일분일초라도 빨리 현장에 달려가 생명을 지키는 것입니다. 이가시에서 고베시까지 보통 때라면 3시간도 걸리지 않고 갈 수 있는 거리입니다. 그런데 6시간 이상 걸려 피해 지역에 도착했으니, '우리가 정말 고베 시민에게 도움이 될까'라는 생각을 떨치기 힘들었습니다. 더 빨리 달려갔더라면 구조 가능했을 생명이 있을지 모른다는 생각을 지금도 떨칠 수 없습니다. 분명 그랬을 겁니다."

그 후에도 재난은 잇따랐다. 아즈마 씨는 대책의 필요성을 몇 번이나 강조했다. "한신·아와지 대지진 후에도 니가타와 도호쿠 등에서 지진이 났습니다. 거기서도 도로가 막혀 구조

인력이 제 시간에 도착하지 않는다면 달리 손 쓸 방도가 없다는 것을 절실하게 느꼈습니다. 재난 시에는 얼마나 도로를 확보하는가가 관건입니다. 나아가 하늘과 바다 등 다양한 방법으로 일분일초라도 빨리 피해 지역으로 달려가는 방법을 강구해야만 합니다. 자연재해에서도 구조 가능한 목숨은 있습니다. 후배 소방관들이 저의 경험을 살려주었으면 좋겠습니다."

'긴급소방원조대'는 지금, 1초라도 빨리 피해 지역으로

재난 상황에서 한 사람이라도 더 많은 목숨을 구하기 위해 구조대를 피해 지역으로 급파하는 작업은 지난 21년 간 끊이지 않고 계속되었다. 한신·아와지 대지진 당시는 전국적인 구조 지원 체계가 마련되지 않았던 시기다. 따라서 지휘명령 계통이 불분명하거나 작업에 필요한 후방 지원 부족 등 많은 문제가 있었다.

　그래서 출범한 것이 '긴급소방원조대'이다. 2003년 소방조직법 개정(이듬해 시행)에 따라 각 광역지자체별로 조직을 편성해 2013년 4월 현재 전국에 약 4,600개가 설치되어 있다. 대규모 재해와 사고가 발생하면 피해 지역 지사가 지원 요청을 하고, 소방청장이 각 광역지자체에 긴급소방원조대 출동을 지시한다. 지금까지 2004년 니가타현 주에쓰 지진과 2005년 JR후쿠치야마선 탈선사고, 그리고 2011년 동일본 대지진 등 30건의 대규모 재해·사고에서 활동했다.

긴급소방원조대는 만일의 경우에 대비해 훈련을 거듭하고 있다. 전국을 6개 지역으로 나눠 지역마다 매년 훈련을 한다. 그리고 5년에 한 번 전국 47개 광역지자체 전체 부대가 참가하는 훈련도 실시해 연계활동을 강화하고 새로운 과제를 수행해낸다.

동일본 대지진 후 처음으로 2015년 11월 지바현에서 실시한 전국 훈련에서는 자위대 및 민간 항공회사와 연계해 소방대가 피해 지역에 투입되었다. 육로 이외 이동 방법 강화를 목적으로, 지진·쓰나미에 따른 건물 피해와 도로망 단절로 인해 지원대가 육로를 이용할 수 없는 경우를 상정해 하늘에서 얼마나 빨리 피해 지역으로 갈 수 있는가를 확인했다.

총무성 소방청 광역지원실은 "긴급소방원조대는 한신·아와지 대지진을 계기로 만들어졌지만, 동일본 대지진 당시 육로가 단절됐을 때 얼마나 신속하게 피해 지역으로 달려갈 수 있을까가 과제로 제기되었다. 소방대, 자위대, 경찰 등이 긴밀히 연계해 공중 이동 방법을 확보한 뒤 한시라도 빨리 피해 지역에 소방대를 보낼 수 있도록 하겠다"고 말한다.

'빗살 작전'과 '사방팔방 작전'

한편 도로 행정을 담당하는 국토교통성도 향후 예상되는 대재난에 대비해 새로운 대책을 마련하고 있다. 동일본 대지진에서는 쓰나미에 휩쓸린 건물 등의 잔해를 신속하게 제거해 구조를 위한 도로를 확보하는 조치가 주목받았다. '빗살 작전'이라고 불린 이 작업은 도호쿠 지방 내륙을 남북으로 관통하는 도호쿠자동차도와 국도 4호선에서부터 빗살 모양으로 쓰나미 피해가 큰 해안부로 난 여러 갈래 국도의 잔해 등을 신속하게 제거해 응급도로를 여는 시도였다. 큰 성과를 올린 이 작전을 토대로 국토교통성은 수도직하지진과 난카이해구 거대지진 등 지역마다 예상되는 재해에 맞춰 '빗살 작전'을 사전에 실시해보는 것을 검토하기 시작했다.

  가장 먼저 계획이 나온 것은 수도권이다. 2013년 12월 중앙방재회의는 수도직하지진으로 예상되는 피해를 제시하며 수도 교통 마비가 재해 대응에 큰 지장을 초래할 것이라고 지적했다. 더불어 도로 잔해와 방치된 차량 등을 서둘러 제거하는 도로 정비를 중요 과제로 삼았다.

그에 따라 국토교통성과 도쿄도, 경시청 등은 2016년 2월 전국에서 처음으로 도로개발계획, 통칭 '사방팔방 작전'을 세웠다. 이 계획은 사이타마와 지바, 가나가와 등에서 도쿄 도심으로 향하는 동서남북 8개 방향 고속도로와 주요 국도를 조합해 적어도 한 방향으로는 재해 발생 후 48시간 이내에 긴급 차량 통행이 가능하도록 하는 것이다.

예를 들어 남쪽 방향, 그러니까 사이타마현에서 도심으로 향하는 경우에는 도호쿠자동차도와 수도고속 가와구치선, 그리고 국도 4호, 국도 122호선을 피해 상황에 맞춰 연결해 긴급 통행로로 선정하고 그곳의 잔해 등을 우선적으로 제거한다. 길을 정하는 것은 지진에 따른 건물 붕괴와 도로 손상, 나아가 액상화 등에 의한 피해 예측을 토대로 하고 있다. 수도고속도로와 주요 국도는 한신·아와지 대지진 이후 내진화가 진행되어 도로의 교량 피해는 제한적일 것으로 보인다.

그렇더라도 도쿄 내 31개 교량에서 지진과 액상화에 따라 20~40센티미터의 단차가 발생할 것으로 예상된다. 이런 단차는 극심한 교통정체를 불러일으키는 원인이 된다. 흙을 쌓고 그 위에 철판을 올려 차량을 지나가게 하는 것이 긴급 대

그림 10 **수도직하지진에 대비한 도로계발계획 '사방팔방 작전'**

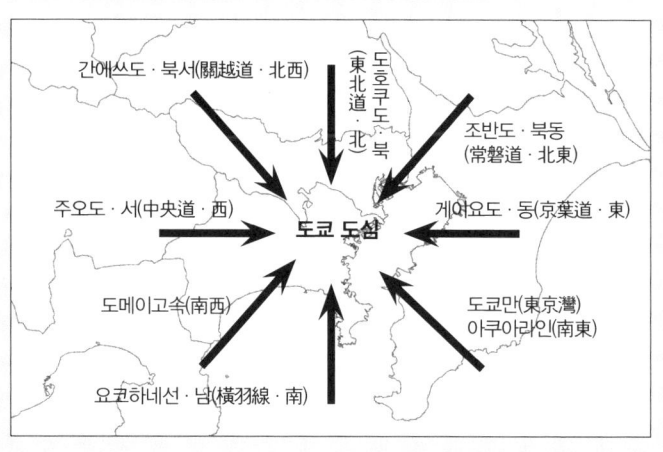

간에쓰도 · 북서(關越道 · 北西)

도호쿠도 · 북
(東北道 · 北)

조반도 · 북동
(常磐道 · 北東)

주오도 · 서(中央道 · 西)

도쿄 도심

게이요도 · 동(京葉道 · 東)

도메이고속(南西)

도쿄만(東京灣)
아쿠아라인(南東)

요코하네선 · 남(橫羽線 · 南)

국토교통성 간토지방정비국 자료

책이지만 이 대응책도 개선되고 있다. 보통 흙은 무게가 많이 나가서 만일의 경우 대량을 신속하게 나르기 어렵다. 그 대안으로 개발된 것이 발포유리섬유를 채운 대용 흙이다. 무게는 일반 흙의 5분의 1이지만 내구성은 뒤지지 않는다. 적은 인력으로 대량을 옮길 수 있어서 보급이 느는 추세다. 단차 해소 대책 역시 21년 전의 교훈을 살린 것이다.

다음으로 긴급 도로 확보에 영향을 주는 것이 주택 붕괴이다. 도쿄 내 주택의 내진화율은 약 80퍼센트이다. 따라서 정부는 목조주택 밀집 지역을 중심으로 한 나머지 20퍼센트가 도로를 막는 피해를 낼 것이라고 추정한 뒤 잔해의 양을 계산했다.

　다양한 변수를 적용해 피해 예측을 실시한 결과 도로에 정차된 차량이 긴급 도로 확보에 큰 영향을 미치는 것으로 나타났다. 한신 대지진과 동일본 대지진 때에도 대책의 중요성이 부각된 문제다.

　'사방팔방 작전'에서는 대지진으로 오도가도 못하는 차량과 운전사가 없는 방치 차량, 여기에 지진으로 전신주가 넘어지는 바람에 움직일 수 없는 차량이 어느 정도 나올지 계산해 사방팔방으로 도로에 남는 차량 예상치를 냈다. 그 숫자는 전체적으로 최대 약 2만 5,000대에 이른다. 경시청은 동일본 대지진을 참고로 진도 6 안팎의 지진이 발생할 경우 긴급 도로가 되는 주요 국도와 고속도로의 차량 유입을 막는다. 실제로는 안부를 확인하려는 사람들이 일반 차량을 사용하면서 정체가 생길 가능성이 있지만, 도로에 남아 있는 2만 5,000대의 차량을 얼마나 빨리 제거하느냐가 구조의 성패를 좌우할 것이다.

　그러면 이런 차량을 얼마나 신속하게 도로에서 제거할 수 있을까. 국토교통성은 그 대책도 세웠다. 간토지방정비국에서는 국도 사무소마다 건설회사와 협정을 체결해 작업자와 견인차 등의 장비를 확보하고 있다. 그 작업자들과 함께 차량을 신속하게 제거하는 법 등 도로 정비에 초점을 둔 훈련도 계속하고 있다.

국토교통성 간토지방정비국은 "수도권에서 대재해가 발생한 경우 인명 구조와 긴급물자 수송을 신속하고 정확하게 하기 위해서는 조기에 주요 도로를 이용할 수 있어야 한다. 계획에 차질이 없도록 훈련을 거듭해 재해 발생 3~6시간 시점에 어느 정도까지 가능한지 계속적으로 점검하면서 만일의 경우에 대비하겠다"고 말한다. 이런 도로 정비 계획은 난카이해구 거대지진이 예상되는 긴키와 주부 등 각지에서 준비하고 있다.

주민들이 나서서 만드는
방재 커뮤니티

소방 당국과 국토교통성이 신속한 구조 대책을 세우는 것과 별개로 대재해 직후에는 주민 스스로가 목숨을 지킬 필요가 있다. 한신·아와지 대지진을 경험한 고베시 주민들은 재해의 교훈을 살리자는 각오 아래 민간이 주체가 된 활동을 계속해왔다. 지진을 계기로 고베시는 일본에선 드물게 초등학교 단위로 방재조직을 만들었다.

일반 자치회 단위 활동은 소규모이지만 초등학교 단위로 조직을 운영하면 피해가 큰 지구 주민을 피해가 작은 지구 주민이 도울 수 있다. '고베 방식'이라고 불리는 이 작업의 일환으로 2008년 시내 모든 학교에 관련 조직을 만들었다. 고베시는 조직마다 발전기와 잭 등 장비와 함께 연간 14만 엔을 지원한다.

한신 대지진으로 피해가 컸던 곳 중 하나인 고베시 히가시나다구 우오자키지구는 지진 2년 후인 1997년에 방재조직 '방재복지커뮤니티'를 만들었다. 지진 발생 직후 소방·경찰·자위대에 구조를 요청하기 어려웠던 경험의 결과물이다. 지금은 고베시의 지원을 받아 지구 내 공원 한켠에 방재창고를 마련해 전동톱과 발전기, 조립식 리어커 등 30가지 장비를 갖추고 있다.

우오자키정 방재복지커뮤니티의 기요하라 다카시게淸原孝重 부회장은 "소방도 경찰도 인력이 한정된 현실은 21년 전이나 지금이나 변함이 없다. 게다가 내진화를 하더라도 예상을 뛰어넘는 피해가 일어날 수 있다는 것을 그 후 재해에서 실감했다. 그런 재해에서 중요한 것은 주민 스스로 목숨을 구할 준비가 되어 있는지 여부다. 한신·아와지 대지진으로 숨진 사람들을 제대로 기억하기 위해서라도 지금 고베에 사는 우리가 행동하지 않으면 안 된다"고 말했다.

동일본 대지진으로 다시 일어난 교통정체,
살리지 못한 교훈

극심한 교통정체는 대재난에서 많은 사람의 목숨을 빼앗는 결과를 낳는다. 지금도 그 과제는 해결되지 않았다고 말하며 경종을 울리는 사람이 있다. 도쿄대학대학원 공학연구과 히로이 유廣井悠 부교수(취재 당시 나고야대학 감재減災연계연구센터 부교수)다. 히로이 부교수는 방재 전문가로서 각지를 돌며 강연 활동도 하고 있다.

그가 주목한 것은 동일본 대지진 당시 도쿄의 도로 상황이었다. 한신·아와지 대지진 때처럼 각지에서 대규모 정체가 발생했다. 당시 영상을 보면 구급차와 소방차 등 긴급차량이 교통정체로 인해 움직이지 못한 상황이 고스란히 드러난다.

왜 교통정체가 발생한 것일까. 차량 이용자 의식조사를 통해 놀라운 사실이 밝혀졌다. 통행 목적을 물은 설문조사에서 가장 많은 수가 21년 전과 똑같이 '안부 확인'이라고 응답한 것이다. 조사 대상자 중 30퍼센트가 가족과 친구의 안전을 염려해 차를 이용했다고 답했다. 21년 전의 교훈을 살리지 못한 셈이다.

여기에 더해 교통정체를 악화시킨 게 '귀가 곤란자'였다.

히로이 유 도쿄대학대학원 부교수

동일본 대지진에서는 교통이 마비돼 많은 사람들이 걸어서 이동할 수밖에 없었다. 그들이 교통이 정체된 차량 사이를 걸어갔고, 이로 인해 차량 움직임은 더 느려졌다. 500만 명에 이르는 귀가 난민은 한신·아와지 대지진 때에는 없던 현상으로, 교통정체를 더 악화한 새로운 요인으로 등장했다.

수도직하지진, 그때 도로는…

히로이 부교수는 수도직하지진이 일어날 경우 도쿄에서 어느 정도 정체가 발생할지를 예측한 적이 있다. 평일 오후 2시 낮 시간 도쿄에서 지진이 일어난다는 가정 하에 주요 간선도

동일본 대지진 당시 극심한 교통정체도 '안부 확인'을 위해 자동차를 이용하는 바람에 발생했다(좌)
많은 '귀가 난민'이 '보행'으로 차도를 이동해 정체가 더욱 악화했다(위).

로의 정체 상황을 계산한 것이다. 차량뿐 아니라 보행자(귀가 곤란자) 숫자까지 더해 보행자가 늘 경우 차량 속도가 떨어진다는 설정을 했다. 그 예측에 따르면 도쿄는 극심한 교통정체에 빠진다.

히로이 부교수는 취재 중 교통정체로 인해 구조가 방해받을 장소로 우리를 안내했다. 그 중 하나가 시부야 주변이다. 찾아간 곳은 시부야구 미야마스자카우에 교차로였다. 5차로로 교통량이 많은 간선도로다. 예측에 따르면 그곳은 지진이 발생하고 1시간 후에는 시속 1킬로미터만 움직일 정도로 극심한 정체가 일어난다고 한다.

히로이 부교수는 "이곳은 큰 도로이고 교차하는 장소여서

수도직하지진으로 극심한 교통정체가 일어날 것으로 예상되는 곳 중 하나인 시부야구 미야마스자카 교차로
지진 발생 1시간 뒤에는 시속 1킬로미터 정도로밖에 움직일 수 없다.

평소에도 많은 사람이 가족을 데리러 차량을 몰고 나온다. 게다가 재난으로 좁은 도로가 막혀버리면 사람들이 넓은 도로를 이용하려 하기 때문에 결과적으로 매우 많은 차량이 몰려 극심한 정체가 발생한다"고 지적한다. 이곳은 하나의 사례에 불과하다. 다른 많은 장소에서도 시속 1킬로미터 이하의 극심한 정체가 발생한다.

이런 예측을 토대로 히로이 부교수는 우리에게 "6,000명 넘는 목숨을 앗아간 한신·아와지 대지진이 있었지만 21년이 지난 지금도 해결되지 않은 과제가 많다"고 경고했다. 나아가 "제대로 대처하지 않으면 이미 겪은 지진 피해보다 훨씬 더 많은 희생자가 나올 수밖에 없다. 지금이야말로 과거

의 경험에서 배워 우리의 의식을 바꾸지 않으면 안 된다"고 덧붙였다. 한신·아와지 대지진이 나고 21년이 지났지만 구조를 방해하는 교통정체는, 그 정체 야기 당사자인 우리의 문제로 고스란히 남아 있다.

후회하기에 앞서,
히가시나다 소방서 하나야마 씨의 생각

히가시나다 소방서의 하나야마 씨는 평생토록 계속될 후회 때문에 이번 취재에 응했다면서 이렇게 말했다. "두 번 다시 같은 일이 일어나지 않기를 바랍니다. 특히 똑같은 지진이 발생했을 경우 구조의 손길이 미치지 못해 많은 사람이 숨지는 비극은 절대로 반복해서는 안 됩니다."

취재 도중 하나야마 씨가 구조를 위해 달려갔던 현장들을 다시 방문했다. 그 이후 하나야마 씨는 우리를 어느 특별한 장소로 안내했다. 우오자키 초등학교에 인접한 복지시설의 위령비였다. 히가시나다구 우오자키 지구에만도 희생된 사람 숫자가 200명이 넘었다. 하나야마 씨는 비석에 새겨진 이름들을 말없이 바라보았다. 10분쯤 지난 후 그는 이름들을 쓰다듬으면서 입을 열었다.

"같은 성을 가진 사람이 여럿 보이죠. 가족이 한꺼번에 피해를 당한 겁니다. 추위 속에서 구조를 기다리고 있었던 거지요." 지진이 났던 1월의 이른 아침은 매우 추운 시간이었다. 하나야마 씨는 기억 속에 선명한 그날의 일들을 여러 번 들려주었다. "구조의 손길만 일찍 닿았다면, 이들 중에도 화를 면했을 분들이 많았을지 모릅니다. 틀림없이 그럴 거예요. 소방을 믿고 기다리다 숨져간 사람도 많았을 겁니다. 할 말이 없습니다."

그렇게 말하고 다시 위령비를 보면서 다음과 같은 이야기를 덧붙였다. "만약 다음에 지진이 난다면 두 번 다시 같은 일을 반복하지 않도록 저는 최선을 다할 겁니다. 맹세해요. 그일 이후 우리는 준비했고, 다음에는 절대로 똑같은 실수를 반복하지 않겠습니다."

그날은 12월 중순이었고, 한 달 뒤엔 또다시 1월 17일을 맞아야 했다. 아픈 기억을 간직한 하나야마 씨는 이렇게 매해 '그날'이 다가올 때마다 똑같은 결의를 다지고 있었다.

7장

아직도 진전이 없는
근본 대책

내진화는 진척이 있는가

지난 21년 동안 대지진 대책에는 진척이 있었을까? 물론 여러 진전이 있었다. 하지만 엄격하게 말해서 상당부분 쉬운 것들만 바꾸었다는 게 솔직한 취재 소감이다. 그 중 하나가 건물 내진화이다.

국토교통성 추계에 따르면 주택 내진화율은 1998년 68퍼센트, 2003년 75퍼센트, 2008년 79퍼센트, 2013년에는 82퍼센트 정도로 조금씩 나아지는 추세다. 그러나 나머지 18퍼센트를 숫자로 환산할 경우 약 900만 채에 달한다. 결코 적지 않은 숫자다. 거기 살고 있는 사람들을 상상해보자. 대지진이 일어나면 그곳에서 많은 희생자가 나온다.

국토교통성 담당자에 따르면 내진화율 변화의 큰 요인은 주택 재건축이다. 기존 주택을 대상으로 한 내진 진단과 보강에서는 진전이 없는 실정이라고 한다. 낡은 주택에 사는 노약자일수록 재해가 났을 경우 큰 피해를 입지만, 지원제도가 있어도 비용과 품이 들어 포기하는 사람이 여전히 많다는 것이다.

지진 방재의 원점

프로그램 방송이 나가고 반년 뒤 우리는 기후현 모토스시의 옛 네오촌을 방문했다. 은어와 산천어가 사는 네오천이 흐르고 경치가 빼어난 이 산간마을에 지금부터 125년 전(1891년) 추정치 진도 8.0의 '노비濃尾 지진'이 일어나 그 단층이 지표에 드러난 장소로 알려진 곳이다.

일본 지진방재 대책의 출발을 이번 프로그램에서 검증한 한신·아와지 대지진으로 아는 사람이 많다. 하지만 현대 지진방재 대책의 원점은 사실 이 네오촌에 있다.

여기서 노비 지진을 되돌아보자. 1891년 10월 28일 오전 6시 38분, 지진이 발생했다. 네오 계곡 단층 등 복수 단층이 길이 80킬로미터에 걸쳐 한 번에 어긋나며 움직인 지진으로, 일본에서 관측된 내륙 지진으로는 최대 규모이다. 사망자는

7,273명이었다. 기후현 4,901명, 인접한 아이치현이 2,459명이라고 하니 넓은 범위에서 격한 흔들림이 일어났다는 것을 알 수 있다.

완파된 가옥만 14만 2,177채로 당시 인구밀도 및 도시 규모를 고려하면 한신·아와지 대지진을 훌쩍 뛰어넘을 정도로 심각한 피해였다.

이 지진을 계기로 정부가 이듬해인 1892년에 '지진피해예측조사위원회'(1925년 폐지)를 설치, 간토 대지진(1923년)에 이르기까지 지진과 그 피해 메커니즘에 대한 상세한 조사를 실시했다. 현대의 과학적인 방재가 시작된 장소인 셈이다.

옛 네오촌에는 지표에 드러난 단층과 그 크기로 당시 피해를 배우는 지진단층관찰관(1992년 완성)이 있다. 기후시에서 자동차로 1시간 반 정도 걸리는 곳이라 방문객이 별로 없을 거라고 생각했지만 마침 여름 휴가철이어서 그런지 자녀와 함께 찾아온 사람들이 많았다. 관찰관에 들어가면 피해 모습을 전해주는 사진이 전시돼 있다. 진원에서 자동차로 1시간 남짓 떨어진 곳에 있는 당시 기후 시가지는 주택이 모조리 붕괴한 모습이었다.

지진 피해를 되풀이 하지 않기 위해

이 때부터 일본의 건물 내진화 대책이 마련됐다고 한다. 그 후 간토 대지진, 니가타 지진(1964년), 도카치 근해지진(1968년), 미야기현 근해지진(1978년) 등 큰 피해를 교훈 삼아 내진 기준을 거듭 개정하면서 건물이 조금씩 지진에 강해졌다.

한신·아와지 대지진에서 많은 희생자가 나오긴 했지만, 붕괴한 건물 대부분은 옛 내진 기준에 미치지 못한 것들이었다. 당시 최신 내진 기준으로는 그 정도 심한 흔들림에도 견딜 수 있었다. 말하자면 약 100년 남짓 걸린 내진 대책이 결실을 본 셈이다. 그렇지만 많은 희생자를 낸 옛 건물들을 어떻게 내진화할 것인지는 여전히 해결되지 않은 과제이다. '내진화'야말로 가장 중요한 방재 대책임에도 말이다.

재해는 사회의 약점을 파고든다

2016년 4월 발생한 구마모토 지진에서도 오래된 건물들의 내진 능력이 불충분한 탓에 많은 목숨을 잃었다. 지진을 피하기는 어렵지만 지진에 의한 피해는 막을 수 있다. 이런 상황에서 정부는 2020년 내진화율 95퍼센트를 목표로 내세웠다.

작정하고 나서지 않는다면 달성할 수 없는 목표다. 내진화의 중요성을 부정하는 사람은 아무도 없다. 우리 언론도 희생자를 조금이라도 줄이기 위해 내진화의 중요성을 거듭 강조해야 한다.

프로그램에서는 화재 대책, 교통정체 대책의 필요성 및 중요성과 관련해서도 여러 차례 강조했다. 그러나 지금도 여전히 대책은 충분하지 않다. 다만 그 중요성을 강조하는 전제는 이전과 완전히 달라졌다. 이번에 우리는 5,036명의 사망 기록이라는 중요한 자료를 시간 경과와 함께 검증해 목숨을 앗아간 상세한 원인을 처음으로 밝혀냈다. 20여 년이 지난 지금에 와서 새삼 고통스럽고 무거운 사실에 다가간 이유는 하나다. 아픔의 원인을 상세하게 파악해 다시는 그런 일이 반복되지 않도록 대책을 마련해야 한다고 믿었기 때문이다.

프로그램에서 할 수 없었던 것

프로그램에서 검증하지 못한 것도 있다. 바로 가구 고정이라는 지진 대책이다. 그 중요성은 누구나 알고 있다고 생각한다. 그러나 일상생활의 편리를 추구하는 많은 사람이 여전히 실천에 옮기지 않는 문제는 아닐까.

만약 지진의 흔들림으로 거세게 넘어진 가구에 깔리는 바람에 가족을 잃은 유족이 증언에 나선다면, 그런 형태로 죽은 사람의 숫자를 보여주거나 후유증으로 고통받는 사람이 적지 않다는 사실을 알게 된다면….

이번 취재에서 가구 넘어짐이 원인이 되어 숨졌을 가능성이 높은 이가 상당수라는 통계 자료 및 유족의 증언을 확보했지만 방송으로 내보내지는 못했다. 다만 가구가 사람을 다치게 하고 때로 목숨까지 빼앗는다는 사실은 앞으로도 계속 강조해야만 하는 지진 대책 중 하나다.

특히 난카이해구 거대지진 같은 대지진에서는 심한 흔들림과 함께 '장주기 지진운동'이라는, 고층빌딩 등을 천천히 크게 흔드는 진동이 발생할 것으로 예상된다. 이 흔들림에 따라 가구와 사무기기가 흉기로 변한다는 것은 진동대 실험에서 드러났다. 가구가 사람의 목숨을 어떻게 빼앗는가를 부딪힐 때의 속도, 피하기의 어려움 등 세세한 부분까지 공개해 한 점 의혹 없이 보도할 수 있다면 대책 마련에 조금 더 진전이 있을 거라고 믿는다.

이번 프로그램 취재로 우리는 한신·아와지 대지진 이후

정부가 마련해온 지진 대책을 철저하게 재검토해 앞서 설명한 결론에 도달했다. 이 결론은 최근 수년 간 최신 과학을 동원해 지진 메커니즘을 분석하고 이에 근거한 대책을 강구했음에도, 사람들의 일상을 지키는 대책 및 방법을 좀 더 적극적으로 내놓을 필요가 있음을 의미한다.

'낡은 건물에 내진 대책을 한다' '가구를 고정한다' '지진이 났을 때 차단기를 내린다' '대지진 때 차를 되도록 사용하지 않는다' 등등, 프로그램에서 강조한 내용들은 한신·아와지 대지진을 통해 우리가 배운 대책이자 지혜다. 더불어 '안부를 확인할 수 있도록 피난 장소 등을 미리 정해둔다' '며칠 간 먹을 것을 늘 비축해둔다' 등 다양한 지혜가 있다.

이 책이 새삼 그런 대책과 지혜를 환기하는 계기가 되기를 바란다. 지진 활동기에 접어든 상황에서 향후 희생자를 조금이라도 줄이기 위해 우리는 이 같은 작업을 앞으로도 계속할 것이다.

한신·아와지 대지진은 현대 도시를 한순간에 무너뜨린 지진이라는 점에서 전례 없는 재난이자 수도직하지진 등에 대비해 교훈으로 삼아야 할 경험이다. 그래서 2015년 봄, 생과 사를 가른 요인은 무엇이며, 아직 알려지지 않는 교훈은 없을까? 등을 파고들기 위해 프로젝트를 시작했다.

그러나 솔직히 말해서 이런 프로그램이 될 거라고는 생각지도 못했다. 제작 기반이 될 자료가 부족했던 데다 주택 내진화 및 화재에 견디는 마을을 만들어야 한다는 얘기는 이미 반복해서 전해왔기 때문이다. 새로운 발견을 제시할 수 있을지 확신하지 못했다.

그런 상황에서 한 사람 한 사람 죽음의 기록을 지도에 표시한 뒤 시간 경과에 따라 피해 지역에서 무슨 일이 일어났는지를 더해 지도를 시각화하자 전혀 다른 게 보이기 시작했다. 전모가 처음으로 가시화되어 새로운 상황에 눈을 뜬 것이다. 지진 이후 다소 시간이 흐른 뒤 그렇게 많은 화재가 발생했고, 그 화염이 수많은 목숨을 앗아갔다는 사실을 이전에는 알지 못했다. 교량에 불과 수십 센티미터의 단차가 생겨 어마어마한 교통정체가 발생했고, 그로 인해 구조를 기다리던 많은 사람들이 목숨을 잃었다. 살릴 수 있었을지도 모르는 아까운 목숨들이 희생된 것이다. 지금까지 그 사실이 알려지지 않았다는 점도 놀라웠지만, 여전히 근본적인 대책이 마련되지 않고 있다는 점이야말로 정말 우려스러웠다.

나는 21년 전 불에 타 평지가 되어버린 마을에서, 또는 많은 주택이 붕괴된 지역에서 취재를 했다. 가족을 잃고, 재산과 일자리를 잃은 사람들의 이야기를 듣는 것은 매우 고통스러웠다. 그런 나에게 한 피해자가 말을 걸어왔다. "어떻게든 이 상황을 기록으로 남기면 된다. 그리고 언제가 도움이 되면 된다." 이 말은 내게 커다란 격려였다.

이번 프로그램에서는 많은 연구자와 행정기관이 대혼란 속에서 모은 자료가 검증의 결정적인 실마리가 되어주었다. 그들도 피해자들과 같은 고통 속에서 살아왔음에 틀림없다. 수많은 자료를 접하면서 '기록'이라는 행위가 얼마나 존엄한

지 새삼 느꼈다.

어쩌면 우리는 다 안다고 착각했던 것은 아닐까. 이 귀중한 기록을 지금껏 제대로 살펴보지 않았다는 것을 우리는 반성해야 한다. 이번 취재 과정에서 우리는 자료시각화라는 새로운 무기를 통해 다양한 교훈에 다가갈 수 있었다. 단, 그것이 전부는 아니다. 유족과 당사자들의 증언이 없었다면 잃어버린 목숨의 존엄과 슬픔, 가족과 이웃의 생명을 구하지 못하고 살아남은 이들의 애통함을 알지 못했을 것이다.

취재에 협조해준 많은 분들에게 이 자리를 빌려 감사의 말씀을 전한다. 동시에 끈기 있게 취재와 제작을 진행해준 스태프 전원에게도 감사한다.

그리고 이 책을 손에 든 독자 여러분께 묻고 싶다. 지금 이대로라면 다음에 또 살릴 수 있는 목숨을 잃게 된다고. 만약 그것이 당신의 가족, 사랑하는 사람이라면 당신은 지금 무얼 하겠느냐고. 지금이야말로 숨진 사람들이 남긴 메시지에 귀 기울여 목숨을 지키기 위한 첫걸음을 내디뎠으면 한다.

2016년 10월,

NHK 스페셜 '진도 7' 취재팀 제작 총괄

도조 미쓰토시東條充敏

'불의 고리'라고 부르는 환태평양 지진대에 위치한 나라들은 지진의 공포에서 벗어날 길이 없다. 한반도에 이웃한 일본은 그 중에서도 대표적인 지진 발생 국가이자 인구가 밀집해 피해도 큰 지역에 속한다. 일본 기상청이 지난해 관측한 전국의 지진 발생 횟수는 무려 2,025차례였다. 이마저 구마모토 지진이 일어났던 2016년이나 동일본 대지진이 발생한 2011년 각각 6,587회, 1만 680회와 비교하면 한참 적은 수치이다. 최근 몇 년 사이 규모 5를 넘는 경주, 포항지진으로 지진에 대한 경각심이 높아지긴 했지만 여전히 우리로서는 상상 밖의 현실이다.

이처럼 지진이 잦다 보니 일본은 이에 대한 대비도 다른 나라에 비할 바 없이 철저하다. 건축에 내진 설계를 의무로

한 것은 오래된 일이고, 지자체별로 지진 발생시 구조 및 행동 요령을 마련해 재난 훈련도 정기적으로 실시한다. 지진이 났을 때 해당 지역의 지자체가 주변의 지원을 효율적으로 받아들이는 태세를 갖추는 '수원력受援力' 강화 노력을 정부가 방재 기본계획에 명문화할 정도로 정부 차원의 대책도 꼼꼼하다. 기상청의 지진 예측, 경보 등과 별도로 정부기관으로 지진조사연구추진본부(지진본부)를 두고 단기 및 중장기에 걸친 지진 발생 예측도 상시적으로 하고 있다.

문제는 이처럼 갖은 방법을 동원해 지진을 미리 파악하고 지진이 일어났을 경우 대책을 가지고 있더라도 정작 지진이 났을 때의 엄청난 인명·재산 피해를 막을 수는 없다는 점이다. 20세기 이후 발생한 지진만 보더라도 도쿄 인근 수도권을 강타한 1923년 간토 대지진(규모 7.9)은 사망·실종자가 10만 명을 넘었다. 당시는 목조건물이 많던 시절이라 지진으로 발생한 화재가 강풍을 타고 대도시를 덮치면서 죽은 사람이 숱하게 발생했다.

이 책에서 새롭게 진상 규명을 시도한 1995년 한신·아와지 대지진은 그보다는 훨씬 적지만 역시 대도시를 규모 7.3의 지진이 덮치는 바람에 6,434명이 목숨을 잃었다. 화재 피해도 있었지만 무너진 건물에 깔려 숨지는 사람이 다수였다. 일본에서도 관측기록 상 가장 큰 규모의 지진(9.0)이라는 2011년 동일본 대지진 때에는 화재도 건물 붕괴도 아니고 쓰나미 피해가 가장 컸다. 화재나 건물 붕괴, 쓰나미 대책을 충분히 갖췄다고 하더라도 다음번에는 또 어떤 형태로 지진이 생명과 재산을 위협할지 알기 어렵다.

그럼에도 불구하고 지금까지의 경험을 토대로 대책을 수립하고 피해를 줄이려는 노력을 해야 하는 것은 두말할 필요가 없다. NHK 특별취재팀이 20년도 더 지난 지진의 진상을 끈질긴 자료·증언 수집으로 새롭게 조명한 것도 그런 노력의 일환이라고 할 수 있다. 일본 중부 대도시 고베와 인근을 강타한 한신·아와지 대지진은 인구가 밀집한 현대 도시에서 일어날 수 있는 지진 피해의 전형을 보여준다고 할 수 있다. 하지만 일본에서도 많은 사람들은 이 지진으로 인한 사망자가 무너진 건물에 깔리거나 화재로 인해 생겼다고만 어렴풋이 아는 수준이었다.

NHK 특별취재팀은 취재를 통해 건물이 무너지면서 압사한 사람들 중 무너진 벽이나 기둥 등에 깔려 바로 숨진 사람은 8퍼센트에 불과하다는 사실을 알아냈다. 압사자의 다수가 질식사였고 이들 중에는 책장 등 가재도구가 흉부를 압박하면서 숨을 쉬지 못해 사망한 경우가 적지 않았다. 그래서 강진에도 흔들리지 않도록 가재도구를 고정해야 하고, 침실에는 키 높은 가재도구를 두지 않는 등의 대책이 필요하다.

한신·아와지 대지진 당시 발생한 화재의 거의 절반이 지진이 나고 1시간 이후에 생겼다는 것도 새로운 발견이다. 취재팀은 지진으로 끊어졌던 전기가 다시 통하면서 지진 당시 부서진 가전제품이나 전기배선에서 발화한다는 사실을 확인하고 이를 '통전 화재'로 이름 붙였다. 이를 막으려면 지진 발생 시 전원 차단장치가 필수다. 전기 복구는 지진 이후 구조 등을 위해 시급하지만 이처럼 뒤늦은 화재를 막기 위한 계획적인 재송전도 필요하다.

마지막으로 구조의 손길을 가로막은 교통정체가 왜 발생했는지를 살핀 취재팀은 도로 파손 이외에도 가족이나 친지의 안부를 확인하기 위해 자동차를 몰고 나온 사람들로 길이 가득 차면서 소방차와 구급차의 통행을 가로막았다는 사실을 알게 되었다. 취재를 통해 지금까지 상식의 빈 구멍을 메우며 도시형 지진에 어떻게 대비해야 할지 구체적으로 알려준 점이 인상적이다.

2016년 국내 지진 관측 사상 최대 규모였던 5.8 지진이 경주에서 발생하기 두 달여 전 울산 근해에서 규모 5.0 지진이 났다. 당시 일본 정부기구인 지진조사위원회 히라타 나오시 平田直 도쿄대학 교수가 〈연합뉴스〉와 인터뷰에서 이렇게 말했다. "한반도가 플레이트의 경계에 있지 않기에 동일본 대지진 급의 지진은 없겠지만 규모 7 수준의 내륙형 지진은 과거에 있었던 만큼 다시 일어나지 않을 것이라고 말할 수 없다." 일본의 재난을 바다 건너 불구경 삼아서는 안 된다. 한반도도 더 이상 지진 안전지대가 아니다. 지진은 막을 수 없지만, 일본처럼 재난에서 보고 배운다면 그 피해는 얼마든지 줄일 수 있다.

2018년 10월, 김범수

옮긴이 김범수

〈한국일보〉기자이며 도쿄특파원으로 2011년 3월 말까지 3년 동안 일했다. 〈한국일보〉국제부장, 여론독자부장, 문화부장을 거쳐 현재 논설위원으로 재직 중이다. 일본 내 행복도 1위, 가구당 소득 1위, 초중생 학력평가 1위를 기록하는 마을 후쿠이 현의 자력갱생 생존모델을 취재한 베스트셀러 《이토록 멋진 마을》, 인구감소 시대 마을의 생존법을 모색한 책 《젊은이가 돌아오는 마을》, 일본의 고독사 문제를 다룬 NHK 특별취재팀의 《무연사회無緣社會》, 전후 소련의 포로가 되었다가 돌아온 일본군 회고록을 담은 《일본 양심의 탄생》을 번역했다.

진도 7, 무엇이 생사를 갈랐나?

첫판 1쇄 펴낸날 2018년 11월 15일

옮긴이 | 김범수
펴낸이 | 지평님
본문 조판 | 성인기획 (010)2569-9616
종이 공급 | 화인페이퍼 (02)338-2074
인쇄 | 중앙P&L (031)904-3600
제본 | 서정바인텍 (031)942-6006

펴낸곳 | 황소자리 출판사
출판등록 | 2003년 7월 4일 제2003-123호
주소 | 서울시 영등포구 양평로 21길 26 선유도역 1차 IS비즈타워 706호 (150-105)
대표전화 | (02)720-7542 팩시밀리 | (02)723-5467
E-mail | candide1968@hanmail.net

ⓒ 황소자리, 2018

ISBN 979-11-85093-78-9   03300